GEORGES MEUNIER

Les
Montreurs
d'Esprits

Ouvrage tiré
à
Deux cent cinquante exemplaires
numérotés de 1 à 250

E. NOURRY o o   o

62, Rue des Ecoles o o o

PARIS (V⁵) o o o o o

PRIX : 5 francs

Les

Montreurs

d'Esprits

GEORGES MEUNIER

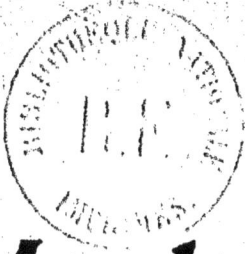

Les
Montreurs
d'Esprits

Ouvrage tiré
à
Deux cent cinquante exemplaires
numérotés de 1 à 250

E. NOURRY o o o
62, Rue des Ecoles o o o
PARIS (V') o o o o o

PRIX : 5 francs

DU MÊME AUTEUR

LES MONTREURS D'ESPRITS

AVANT-PROPOS

Le Spiritisme et les Spirites.

Rien n'est instructif et récréatif à la fois comme
l'étude du spiritisme. Depuis que je m'intéresse aux
faits, aux séances et aux dires spirites, j'ai beaucoup appris, et surtout beaucoup ri. Aucun ouvrage
traitant de haute philosophie, de haute politique ou
de haute psychologie, n'ouvre à l'esprit des horizons
aussi vastes que ceux que lui découvre un quelconque ouvrage traitant des faits ou des théories spirites. Aucune comédie, si désopilante qu'elle soit,
n'égale en bouffonnerie le moindre récit, la plus
infime dissertation spirite. Le manuel spirite le
moins volumineux, renferme tout un monde, et qui
le feuillette voit passer tour à tour devant ses yeux
le Drame, la Tragédie et la Comédie. Mais la Comédie tient le haut du pavé, et l'on rit plus que l'on
ne réfléchit.

Car, il faut bien le reconnaître, lorsqu'on s'occupe du spiritisme, on ne réfléchit guère. Le spiritisme ne fait pas penser. Lorsqu'il a cessé de faire
rire, il fait rêver, tout simplement. Et encore con-

1

vient-il de préciser. La rêverie, d'ordinaire, vous arrache délicieusement à la matérialité d'en-bas et vous élève jusqu'à la spiritualité d'en-haut ; des cloaques obscurs et nauséabonds, elle vous hausse jusqu'aux espaces lumineux et sereins. Rien de semblable ici. Au lieu de voler et de planer, vous descendez et vous vous enlisez. Du cloaque, vous tombez dans le sous-cloaque. Du marécage pestilentiel que balaie et assainit parfois le souffle pur du large, vous vous effondrez dans la caverne où croupissent la fange et l'air fétide. Et lorsque s'évanouit votre rêve, — cauchemar horrible, — et que naît le rire puissant, la gaîté, comme l'atmosphère ambiante, est malsaine ; le rire a quelque chose de convulsif : ce n'est plus qu'un rictus.

Vous croyez que j'exagère ? Consultez tous les hommes sains qui se sont aventurés dans les parages spirites : ils vous diront comme moi que l'air y est irrespirable.

Dans l'humanité ordinaire, celle de tous les jours, vous rencontrez des menteurs, des coquins, des fripons, des filous, des escrocs ; vous côtoyez des imbéciles, des naïfs, des fous. Mais vous vous frottez aussi à d'honnêtes gens et à des êtres bien équilibrés et qui ne divaguent point. D'instinct, vous vous rapprochez de cette humanité normale, et vous fuyez comme la peste le coquin et l'idiot. Celui qui met le pied dans le marécage spirite n'a pas la même ressource. Il rencontre bien, parfois, un homme intelligent et honnête, mais c'est là une bonne fortune assez rare. L'air, ici, n'est guère propice qu'à l'éclosion et au développement des fripons et des « timbrés ». Et c'est pourquoi, d'ailleurs, les gens qui

ont le corps, l'esprit et le moral sains, fuient ce
pays, ou ne s'y aventurent — lorsqu'ils y sont obli-
gés — qu'avec un profond dégoût et une grande
tristesse. L'escroc répugne à l'honnête homme, et
le fou, même lorsqu'il est drôle attriste.

Tout homme sain, sensé et de bonne foi qui s'est
occupé du spiritisme, vous le dira : à part quelques
hommes intelligents et honnêtes — mais ils sont
rares — qu'on s'étonne de trouver là, on ne rencontre chez les spirites que des naïfs et des exploiteurs
de gogos.

L'indigence d'esprit des premiers est si invrai-
semblable, qu'elle permet aux seconds d'exagérer
encore une impudence native cependant considérable déjà. La hardiesse dans le mensonge, la dupli-
cité et l'indélicatesse des soi-disant médiums, vont
chaque jour s'accentuant. Elles s'accentuent en raison directe de la progression de l'abêtissement de
la masse des naïfs, abêtissement qui se développe
de jour en jour, et qui est devenu une menace sérieuse
pour la société.

Il y a lieu de réagir promptement et énergique-
ment. Déjà, quelques spirites — ceux auxquels je
faisais allusion tout à l'heure — tentent timidement
de débarrasser la place de la nuée de charlatans et
d'escrocs qu'on a eu le tort d'accueillir, puis de couvrir et de défendre, contre toute évidence, lorsque
des chercheurs indépendants, clairvoyants, mais
non-spirites, dévoilaient leurs impostures. Malheureusement, ces spirites-là, je l'ai dit, sont rares
et presque introuvables. Les naïfs sont de beaucoup le plus grand nombre. Or, ceux-ci tiennent à
leurs chères et stupides illusions. Ils les défendent

avec l'énergie du désespoir, même contre leurs « frères en croyance » moins aveugles. D'un autre côté, les escrocs sont tout-puissants. Ils sont riches de l'admiration de M. Gogo, — et de son argent, qu'ils s'entendent à drainer. Enfin, il faut bien le dire, les quelques rares spirites qui consentent à reconnaître que la maison est puante et mal fréquentée, ont peut-être — certains d'entre eux tout au moins — à se reprocher de s'être montrés jadis moins dégoûtés qu'aujourd'hui... Et c'est une entrave.

Quoi qu'il en soit, et qu'ils s'insurgent (timidement), par pure délicatesse, ou par crainte que l'irruption des gendarmes chez leurs médiums (elle finira bien par se produire, si le scandale persiste), ne provoque une catastrophe, leur protestation n'est pas à dédaigner. On regrette seulement que d'autres spirites éminents et nombreux se montrent moins affectés par les odeurs pestilentielles, et qu'ils s'obstinent — par simple naïveté sans doute — à se faire les champions des escrocs. On déplore cette attitude, un peu pour les imbéciles qui se font détrousser, et que ces spirites éminents pourraient éclairer, et plus encore pour les recherches psychiques, qui pâtissent grandement d'un si fâcheux état de choses. Les gens sérieux s'en détournent, rebutés par les scandales qui éclatent à chaque instant. Nous finirons par sombrer tous dans le ridicule, si — ce qui serait pire — nous ne sombrons dans le mépris... lorsque, à la longue, les gendarmes surgiront, pour conduire à la prison, en bloc, les batteleurs que certains d'entre nous protègent et encensent.

« Très peu pour moi ! » comme dit l'autre. Je

veux dénoncer, non tous les fripons — je n'ai pas tant d'ambition ! ils sont trop ! — mais quelques-uns d'entre eux. Je veux évoquer le souvenir des principaux flibustiers d'avant-hier, d'hier et d'aujour-d'hui, qui démasqués, pris la main dans le sac, n'en trouvent pas moins des défenseurs, dont la haute protection facilite étrangement la culture très fruc-tueuse des « poires », à laquelle, flétris et souffle-tés, ces forbans continuent de se livrer ; puis, pour dégager pleinement ma responsabilité, j'entends démasquer et réunir en une sorte de faisceau toutes les manœuvres déloyales, ou d'une sincérité pour le moins douteuse, de certains autres médiums haute-ment cotés. Le lecteur sera ainsi mis en garde con-tre le bluff, la tricherie, l'escroquerie, qui vraiment ne connaissent plus de bornes, et contre la folie qui, dans nos milieux, sévit à l'état endémique.

C'est là une œuvre de salubrité qui s'impose, et dont tous profiteront, à commencer par les quel-ques médiums honnêtes, — car il y en a. Je ferai en sorte que dans ce défilé de carnaval, où les naïves victimes côtoieront les éhontés charlatans, les mas-ques soient plus souvent grotesques et amusants, que sales et répugnants.

CHAPITRE PREMIER

Les Davenport et Dunglas Hume

Charlatanisme d'avant-hier.

Rappeler les exploits des charlatans d'avant-hier et d'hier, c'est faire œuvre éminemment utile. Les fripons d'aujourd'hui ayant recours, pour duper les masses et les escroquer, aux trucs qu'employaient leurs prédécesseurs, ramener l'attention du public sur ces trucs, c'est contribuer puissamment à le mettre en garde contre ceux qui se jouent de sa crédulité et qui attentent à sa bourse.

Certains écrivains spirites, par pure naïveté, je veux le croire, sont un peu trop enclins à nous présenter comme des médiums extraordinaires, les charlatans défunts ou retirés des affaires qui, du temps qu'ils exerçaient leur détestable métier, furent surpris en flagrant délit d'imposture et cloués au pilori. De sorte que les coquins démasqués et flétris par nos pères, en arrivent, à la longue, à reprendre figure d'honnêtes gens, et qu'il se fait dans les esprits une confusion fâcheuse : on finit par ne plus bien savoir au juste si tel faux médium n'était pas un vrai médium, et si tel vrai médium n'était pas, au contraire, un vil imposteur. De cette confusion pâtissent quelques médiums honnêtes, mais plus nombreux sont les faux médiums qui en profitent. Car il faut bien le reconnaître, hélas ! les charlatans sont le plus grand nombre.

L'odyssée de trois flibustiers d'avant-hier devait, plus particulièrement, émouvoir et intéresser les âmes sensibles et avides de propagande de nos spirites contemporains ; elle le devait, et en raison de l'importance qu'on accordait aux « merveilleux phénomènes » produits par ces truqueurs, et en raison du bruit que fit la chute de ceux-ci, qui tombèrent de haut, et, aussi, en raison de l'âpreté des polémiques que suscita la découverte de leurs audacieuses supercheries. Au regard de certains esprits, tout coupable est une victime et tout châtiment est immérité : les esprits de cette sorte se rencontrent assez fréquemment dans les rangs des spirites, et comme, dans ces rangs, nombreux sont ceux qui croient — avec raison d'ailleurs — que l'abondance vraiment excessive des scandales, n'est pas pour faciliter le recrutement des adeptes, on déguise les condamnés en martyrs et leurs accusateurs en hommes de mauvaise foi.

Ainsi fit-on pour les trois flibustiers dont je parle. Mais il convient de ne pas laisser s'opérer de telles métamorphoses et de dresser, en face des figures de légende, maquillées, peinturlurées et pomponnées, devant lesquelles on nous invite à faire des génuflexions, les figures de l'Histoire, singulièrement moins avenantes.

Les trois charlatans dont nos bons spirites s'emploient de leur mieux à farder la vilaine figure avaient nom William Davenport, Ira Davenport et Dunglas Hume. Tous trois « opéraient » sous le second Empire.

L'armoire à malice des frères Davenport.

Les Davenport étaient deux frères américains, qui, fraternellement, s'entendaient pour faire accroire aux populations qu'ils honoraient de leur visite, que les esprits, sous leur double direction, exécutaient mille tours plus extraordinaires les uns que les autres. Ils eurent, en 1865, l'idée, malencontreuse pour eux, de venir « épater » les Parisiens. L'Angleterre, où ils opéraient à cette époque, venait en effet, après deux années de tournées et d'expériences, de les sacrer grands médiums, et ils tenaient à obtenir de Paris une consécration définitive.

De nombreuses affiches annoncèrent, longtemps à l'avance, leur arrivée dans la grande ville. Il y était dit, en caractères immenses, que la première séance des deux frères serait donnée, le 14 septembre, dans la salle Hertz, rue de la Victoire; que le spectacle comprendrait deux parties : 1° *les exercices de l'armoire* ; 2° *une séance dans les ténèbres* ; que le prix des places, — c'était, pour les deux compères, le plus important de l'affaire, — était fixé à vingt-cinq francs par personne, pour le spectacle entier, et à dix francs seulement pour la première partie. Comme on le voit, ces habiles industriels faisaient le gros et le détail.

Les journaux, de leur côté, répandirent la nouvelle, et le *Moniteur du Soir*, organe officiel, fut naturellement le premier à la porter à la connaissance de ses lecteurs.

Le jour de la première représentation, les places furent enlevées d'assaut.

Ce jour-là, ce soir-là plutôt, ainsi d'ailleurs que tous les autres soirs, la salle Hertz, tout comme le spectacle qu'on y venait contempler, était divisée en deux parties, que séparait une balustrade de un mètre de hauteur. D'un côté, les sièges des spectateurs, de l'autre, l'emplacement réservé aux frères Davenport et à leur troupe d'esprits. Au milieu de cette dernière enceinte se trouvait une armoire, laquelle, placée sur des tréteaux, était isolée du plancher. Le meuble, divisé en trois compartiments, était occupé, à droite et à gauche, par deux sièges primitifs constitués par des planches fixées aux parois, et, au milieu, par divers instruments de musique : violon, guitare, trompette, tambour de basque, sonnette, etc. Sur le devant, face au public, trois portes donnant accès à chacun des compartiments, et qu'on ouvrait et fermait sur l'ordre des deux « médiums ». Dans la porte du milieu, une petite ouverture en forme de losange était pratiquée. Tel était le matériel nécessaire à la production des « phénomènes ».

Je m'aperçois que j'ai omis de mentionner les cordes. C'est là un grave oubli, car les Davenport en faisaient une grande consommation. Donc, sur la « scène », on apercevait aussi des cordes.

Acteurs et accessoires de ces fameuses séances étant présentés, voyons en quoi consistait une soirée.

Tout d'abord, les Américains invitent plusieurs

assistants à passer dans l'enceinte des « médiums »
et à y former le cercle, en se tenant par la main,
autour de l'armoire ; cela afin d'isoler le meuble
d'indiscutable façon. Cette précaution prise, il s'agit
de garrotter les « médiums », et de les bien garrotter. Pour effectuer ce travail d'une haute importance, on désigne celui des spectateurs qui semble
être le plus habile dans l'art délicat de faire les
nœuds, généralement un officier de marine. Les cordes sont naturellement l'objet d'un examen préalable et sérieux. Leur solidité est d'ailleurs à toute
épreuve.

Le délégué de l'assistance en prend une, a soin
d'en mesurer la longueur et d'y faire une remarque, afin qu'on ne puisse ni la couper ni lui en
substituer une autre ; puis, à l'aide de *nœuds marins*,
il attache les « médiums », leur liant solidement
bras et jambes, les enlaçant et les amarrant de
telle sorte sur les bancs de l'armoire, qu'ils ne les
pourront quitter sans le secours d'un étranger.

Alors on ferme les trois portes et l'on se dispose
à attendre les événements... Mais qu'est ceci ?... La
porte du milieu est à peine fermée que, de sa petite
ouverture en forme de losange, émerge un bras,
rouge encore de la rude étreinte du solide *nœud marin* !
Surprise, stupéfaction, enthousiasme ! On applaudit
à tout rompre ; on ouvre les trois portes, et les deux
frères, souriant et saluant, sortent de l'armoire, en
brandissant les liens qui tout à l'heure les rivaient
à leurs sièges.

L'ovation terminée, les « médiums » remontent
dans l'armoire, s'y asseoient et posent les cordes sous
leurs pieds. On referme les portes. Deux minutes

après, on les rouvre... et l'on aperçoit les frères Davenport garrottés sur leurs bancs. On vérifie les attaches : elles sont semblables aux premières.

Tout, remarquez-le bien, se passe en pleine lumière, le cordon d'isolement n'est jamais rompu, et l'armoire repose toujours sur les tréteaux isolateurs. Aucune possibilité d'intervention étrangère...

Continuons :

Les portes sont fermées de nouveau, et les battants en sont à peine poussés que le violon, la guitare, le tambour de basque, les cloches donnent un concert assourdissant. Enfin le silence succède à la cacophonie, un bras passe par la lucarne, et le vacarme recommence.

Au plus fort du concert, on ouvre les portes : le bruit cesse aussitôt, les « médiums », ligottés sur leurs bancs, sont calmes et tranquilles, les instruments sont à leur place. On referme, et le chahut recommence.

Mais, malgré tout, un doute pourrait subsister dans l'esprit des spectateurs.

Les frères Davenport ne le voudraient à aucun prix. Aussi demandent-ils à l'assistance de nommer un délégué. Le temps d'être choisi, et le mandataire de l'assemblée est prié, par les Davenport, de venir prendre place au milieu de l'armoire. Pour faciliter la mission de ce contrôleur, les « médiums » font attacher une de ses mains sur l'épaule de l'un d'eux, l'autre sur le genou du second. De cette façon, ils ne pourront faire aucun mouvement sans que le délégué s'en aperçoive.

On referme les portes, le bacchanal recommence. On les rouvre, plus rien ; mais on s'aperçoit que le contrôleur a la tête enveloppée de son mouchoir, qu'il est coiffé du tambour de basque, qu'il est dépouillé de sa cravate et de ses lunettes, que la première est nouée autour du cou de son voisin de droite, alors que les secondes sont sur le nez de son voisin de gauche. Le délégué n'a eu conscience d'aucun mouvement suspect ; il a été dépouillé comme par une fée et n'a senti qu'un frôlement léger. Les « médiums », d'ailleurs, sont toujours bien attachés, ainsi qu'on le constate.

Après quelques autres « phénomènes » du même genre, la première partie de la séance, pour laquelle on a versé dix francs, est terminée.

La deuxième partie, qui se déroule dans les ténèbres, comporte des « phénomènes » plus extraordinaires encore, et c'est justice, puisqu'il faut, pour les voir se produire, débourser quinze autres francs.

L'armoire à malice est emportée. Une simple table, sur laquelle sont posés deux guitares et un tambour de basque, la remplace avec avantage. Les Davenport s'asseoient sur deux chaises placées de chaque côté de la table. Chacun d'eux a, sous ses pieds, un paquet d'inévitables cordages. Un nouveau cordon d'isolement est établi : quinze personnes font la chaîne autour des « médiums ».

A un signal, l'obscurité se fait. On est attentif... Deux minutes d'attente, et la lumière renaît : les deux frères sont amarrés sur leurs chaises ! La table et les chaises sont également enlacées par de solides ligatures.

On éteint, et une mystérieuse harmonie ravit les spectateurs. Le gaz s'allume : le concert cesse, les instruments, qu'on aperçoit sur la table, ne semblent pas avoir changé de place, et les Davenport sont toujours attachés.

L'étonnement est à son comble. Les Américains, qui triomphent, décidément, exigent un contrôle plus sévère encore. Ils demandent que des scellés soient apposés sur leurs liens.

Ce vœu est immédiatement exaucé ; de plus, toujours pour se conformer au désir des « médiums », on enduit les instruments de musique d'un liquide phosphorescent, afin qu'on puisse les apercevoir dans l'obscurité. Puis on éteint. Des sons se font alors entendre, et guitare et tambour de basque volent à travers la salle, frôlant la tête des spectateurs ébahis et terrifiés. La lumière est brusquement faite, et l'on retrouve les instruments sur les genoux des assistants. Les scellés sont intacts, les « médiums » n'ont pas fait un mouvement.

Un certain nombre d'autres moyens de contrôle, imaginés par les Davenport eux-mêmes, sont à leur tour employés, avec plein succès pour les deux « médiums », ce qui fait que nul ne suspecte la bonne foi des Américains, et que chacun est de plus en plus persuadé qu'ils entretiennent réellement, avec les « esprits », des relations cordiales et suivies, — quand un burlesque incident vient transformer l'ébahissement des parisiens en une douce hilarité, puis en une violente colère. Voici ce dont il s'agit :

Parmi les précautions que, pour donner plus facilement le change, les frères Davenport prenaient contre eux-mêmes, la suivante avait toujours, jusqu'alors, remporté, auprès des badauds, le plus entier succès. Lorsque, attachés sur leurs banquettes ou sur leurs chaises, ils se disposaient à opérer, les

« médiums » priaient un assistant de venir verser
de la farine dans leurs mains, qu'ils avaient à ce
moment fixées derrière le dos. Grâce à cette poignée
de farine, leurs mouvements et leurs attouchements
devaient être trahis. C'était très pratique, mais fort
dangereux, ainsi que nous l'allons voir.

Naturellement, après chaque expérience, on regar-
dait gravement si la farine était encore dans les
mains des « médiums ». Elle y était invariablement.
Elle y était même trop souvent, au gré des frères
Davenport, car, une fois, sa présence, vraiment
« merveilleuse » et « inexplicable », les jeta dans une
grande confusion. Voici pourquoi : ce soir-là, un
spectateur malicieux eut l'idée de placer, dans les
mains des « médiums », en guise de farine... du tabac
à priser. Les Davenport ne s'aperçurent pas de la
fraude, leurs mains étant, on se le rappelle, attachées derrière leur dos. On ferma les portes de l'armoire, les phénomènes se produisirent, stupéfiants
autant que jamais, et lorsque, après le concert, les
becs de gaz projetèrent des flots de lumière sur les
spectateurs — à vingt-cinq francs par tête — et sur
les médiums, les premiers furent tout étonnés (on le
serait à moins) de s'apercevoir que le tabac à priser déposé dans les mains des seconds, s'était mué
en farine. Cette métamorphose parut aux plus crédules eux-mêmes, vraiment trop merveilleuse pour
n'être pas suspecte. Les yeux s'ouvrirent enfin, —
en même temps que les poings se fermaient ; les
Davenport reçurent force horions ; leur matériel fut
fort endommagé ; et leur caissier, la mort dans
l'âme, dut rembourser aux spectateurs, menaçants

et furieux, la somme rondelette qu'ils avaient versée en entrant.

Les petites ficelles des frères Davenport.

Ira et William Davenport étaient donc, sans aucun doute possible, des simulateurs audacieux. Mais comment s'y étaient-ils pris, jusque-là, pour tromper l'Amérique et l'Europe? Car on sait que lorsqu'ils vinrent en France, ils avaient déjà « travaillé » — et fructueusement — en Amérique, leur patrie, en Angleterre, et dans quelques autres nations.

Eh bien ! c'est très simple, et Robert Houdin, qui s'y connaissait en illusionnisme, expliquait admirablement la chose.

D'abord, l'armoire n'a rien à voir en l'affaire. Les Davenport, d'ailleurs, s'en passaient à l'occasion. Quant aux instruments, ils n'étaient, eux aussi, que de simples accessoires. Les cordes, les cordes seules comptaient. Elles étaient faites de coton et présentaient, tout comme les cordons qui servent à mouvoir les rideaux, une surface unie qui leur permettait de glisser aisément l'une sur l'autre. Leur longueur était de trois mètres.

Tandis qu'à l'aide de ces cordes, le délégué de l'assistance procédait à la délicate et difficile opération du garrottage, les « médiums » prenaient docilement toutes les positions qui leur étaient imposées. Mais ils avaient tôt fait de juger du degré de bienveillance du délégué. Le bienveillant, ils le laissaient agir à sa guise. Mais l'autre, ils le surveillaient et luttaient sournoisement contre lui. Une plainte, un soupir, poussés à propos, et le délégué, instinctivement, serrait un peu moins fort.....

Le gaz une fois éteint, il s'agissait de reconquérir sa liberté : on y parvenait par un travail de force et de dislocation auquel on était depuis longtemps habitué. On délivrait d'abord une main, puis l'autre. Le premier dégagé venait fraternellement en aide au retardataire.

Quand les « médiums » s'étaient attachés eux-mêmes, on pense bien que le mode de ligature employé — le plus souvent un simple nœud coulant — permettait d'échapper rapidement à l'étreinte de la corde. Le concert terminé, on se garrottait à nouveau soi-même, le plus facilement du monde; et le tour était joué.

Pour ce qui est du délégué-contrôleur qu'on ligottait parfois aux « médiums », et qui avait mission de surveiller les faits et gestes de ces derniers, il n'avait et ne pouvait avoir conscience d'aucun des mouvements exécutés par les Davenport, et cela pour l'excellente raison que les deux frères ne remuaient ni les épaules ni les cuisses, et que c'était précisément avec les unes et avec les autres, — et avec elles seules, — que le délégué se trouvait en contact. Encore, le délégué, qui, comme vous et moi, n'avait guère plus de deux mains à sa disposition, ne pouvait-il, malgré toute sa bonne volonté, contrôler que deux épaules à la fois. Or, les Davenport, — et en cela du moins ils ressemblaient à tout le monde, — avaient chacun deux épaules, soit quatre en tout, puisqu'ils étaient toujours deux dans l'armoire. On attachait donc la main droite du délégué sur l'une des épaules d'Ira Davenport, et sa main gauche sur l'une des épaules de William.

L'une des épaules de chacun des deux frères échappait donc totalement au contrôle du délégué, et le bras et la main qui la prolongeaient pouvaient, à leur gré et sans inconvénient, se dégager des liens, pincer les cordes de la guitare et celles du violon, frapper sur le tambour de basque, agiter la sonnette, et même déshabiller en partie le pauvre hère de contrôleur, qui, étant entravé, devait se laisser faire. Ah ! s'il eût eu les mains libres, — ou seulement les pieds !... Oui, mais voilà, William et Ira savaient prendre leurs précautions !...

Tout cela est fort bien, direz-vous ; mais n'apposait-on pas, parfois, sur les nœuds des cordes qui liaient les Davenport à leurs bancs ou à leurs chaises, des scellés que, la séance terminée, on retrouvait intacts ?

Les choses, effectivement, se passaient quelquefois ainsi. Mais, — c'est Robert Houdin qui l'affirme, — on pouvait mettre de la cire sur le milieu du nœud et fixer même ensemble, à cet endroit, deux parties de la corde, sans que le mouvement des bouts (il s'agit évidemment des nœuds coulants, car les Davenport prenaient bien garde de n'en point faire sceller d'autres) ni celui des boucles, en pussent être gênés.

Lorsque les poignets étaient passés dans les boucles, cette partie du nœud se trouvait toujours en-dessus. Et puis, l'interprète (les Davenport ne parlaient pas le français) avait soin d'indiquer l'endroit précis où le cachet devait être apposé, en priant que l'on évitât de faire tomber de la cire

brûlante sur les poignets. Cette observation provo-
quait toujours une réserve très utile à la réussite du
truc. Il faut dire enfin que la corde étant de la
grosseur d'un petit doigt, le cachet ne pouvait
guère prendre plus d'espace que la réunion des
deux parties fixes.

Quant à l'évolution, dans la salle, de la guitare
et du violon rendus phosphorescents, ce n'était
là qu'un simple tour d'illusionnisme. Robert Houdin affirme, en effet, qu'il a éprouvé qu'une guitare qui lui touchait presque la tête, lui semblait
en être éloignée de plusieurs mètres. Ira Davenport,
— qui était le plus malin et le plus adroit, — se
libérait le premier de ses liens, prenait par le manche la guitare lumineuse et, s'avançant au bord de
l'estrade, la promenait au-dessus des têtes. William, avec le violon, ne venait que quelques instants après. Ah ! si guitare et violon se fussent
promenés dans la salle tandis que les deux frères
étaient enfermés dans l'armoire !... Mais, — je ne
sais pourquoi, ou plutôt je le sais très bien, — ce
« phénomène » ne se produisait que lorsque les
« médiums », ligottés sur leurs chaises, se trouvaient placés hors de la fameuse armoire !...

Indépendamment de celui de la farine mise dans
leurs mains, les Davenport employaient un certain nombre d'autres trucs destinés à faire croire
qu'ils n'étaient point des charlatans. En voici un,
choisi parmi les plus effrontément audacieux : lorsque les Davenport étaient attachés sur les chaises,
ils priaient un spectateur de venir mettre sous
leurs pieds une feuille de papier, et d'y dessiner

ensuite le contour de leurs chaussures. On verrait
bien, ainsi, s'ils avaient bougé ou non !

On éteignait ; le concert, ou la promenade
aérienne des instruments de musique, avait lieu ;
puis le gaz était allumé de nouveau et on se préci-
pitait sur l'estrade : les pieds des frères américains
n'avaient pas changé de place ; ils étaient toujours
exactement adaptés au contour qu'avant l'extinc-
tion des feux, l'un des assistants avait tracé sur la
feuille de papier. Alors ?... Alors voici l'explication
du truc : dès que l'on avait éteint, les Davenport, par les procédés plus haut indiqués, se déta-
chaient et, avec précaution, se dirigeaient vers la
table, où ils saisissaient la guitare et le violon ;
puis ils s'approchaient du bord de l'estrade, où
ils faisaient décrire aux instruments lumineux (r-
ses arabesques ; ensuite, regagnant leurs places, ils
retournaient les morceaux de papier posés à terre,
et, à l'aide d'un crayon qu'ils prenaient..... dans
leur poche, ils traçaient, sur le côté resté vierge
des feuilles de papier, un contour semblable au
premier. Après quoi, ils se rattachaient !

Tout cela était très simple, comme on le voit.
Du sang-froid et de l'habileté suffisaient, et les
Davenport en avaient à revendre. Sans l'incident
du tabac à priser, ils auraient pu, pendant des
années, continuer à mystifier et à exploiter le public.
Ils y eussent d'autant mieux réussi que, malgré
l'étrange transformation du tabac en farine, et la
reproduction, maintes fois exécutée par des moyens
naturels (et notamment, devant Napoléon III, par
M. Robin), des expériences de ces faux médiums, il

est encore des gens qui croient à leurs « mystérieux pouvoirs. »

Un Ecossais qui vaut bien deux Américains.

Ecossais d'origine, Dunglas Hume ne le cédait en rien aux frères Davenport, ni pour la célébrité, ni — surtout — pour l'astuce. C'était, à en croire les spirites de l'époque, un médium extraordinaire. Nul ne s'entendait comme lui à faire danser aux guéridons le menuet ou le quadrille. Les fauteuils, les candélabres, au premier signe qu'il leur faisait, s'empressaient d'entrer à leur tour dans la ronde. Dociles, les pianos, dès qu'il le leur commandait, jouaient, sans faire la moindre fausse note, les meilleurs morceaux de leur répertoire. Comme des commis zélés, les tables écrivaient sous sa dictée, et, même, elles répondaient aux questions qu'il daignait leur poser. Chose beaucoup plus merveilleuse encore : dès que Dunglas Hume pénétrait dans une salle à manger, la table, pour lui faire honneur, se soulevait. C'était là, nous assurent les narrateurs du temps, un phénomène « très impressionnant ». Je le crois volontiers. Et je pense que la maîtresse de maison, surtout, devait être fort émue, en songeant au danger que courait sa vaisselle...

J'allais — impardonnable oubli — omettre de signaler la plus « magnifique » de toutes ces manifestations, déjà très surprenantes : pendant les séances, qui avaient lieu dans une obscurité complète, — les phénomènes éminemment « magnifiques » ne s'obtiennent que toutes chandelles étein-

tes, — des mains douces et parfumées, mains de
fantômes, naturellement, caressaient les assistants.

Vous pensez bien qu'un homme capable de produire à volonté de semblables phénomènes, était
très « couru ». Les invitations à dîner pleuvaient
chez lui que c'en était une vraie bénédiction. Les
maîtresses de maison se l'arrachaient. Toutes voulaient pouvoir inscrire au programme de leurs soi-
rées ce sensationnel numéro.

Très intrigué par tous les récits merveilleux qui
se colportaient sur le compte de Dunglas Hume,
l'Empereur Napoléon III voulut, comme ses sujets
de la haute société parisienne, assister à une
séance du célèbre médium. Dunglas Hume fut
mandé aux Tuileries. Il y vint, un jour, à cinq heures du soir, accompagné des esprits les plus distingués de sa troupe.

L'Empereur, l'Impératrice, leur hôtes et Dunglas Hume prennent place autour d'un guéridon,
qui bientôt se trémousse comme s'il était affecté
de la danse de Saint-Guy ; puis, au moyen de coups
frappés, le meuble fait savoir qu'il donne asile à
la Reine Hortense. Mais la mère de l'Empereur
demeure fort peu de temps en ce logis, d'ailleurs
peu confortable pour une princesse de ce haut
rang : Napoléon Ier l'en expulse sans le moindre
ménagement, ce qui n'étonnera personne, chacun
sachant que de son vivant, l'Empereur n'aimait
guère à faire antichambre. Il tenait, ce jour-là, à
dire bonjour à son neveu ; mais comme il détes-
tait le monde, il se borna à prononcer quelques
paroles banales, puis il brûla la politesse à la bril-
lante compagnie, qui s'en montra fort marrie. La

déception fut, du reste, de courte durée, car quelques instants après le départ du Corse aux cheveux plats, une main invisible et surnaturelle venait toucher tour à tour chacun des assistants. Ce dernier phénomène porta l'émotion à son comble, et Dunglas Hume quitta les Tuileries complimenté et, sans doute, couvert d'or.

C'était là, pour le médium, un très gros succès. Un charlatan prudent s'en fût contenté. Mais Dunglas Hume était téméraire, et c'est ce qui le perdit. Un jour, l'Impératrice se trouvant à Biarritz dans le même temps qu'il y était lui-même, il eut la malencontreuse idée d'aller lui donner une nouvelle séance. Hélas ! le baron Morio de l'Isle, Préfet du Palais — un ignorant qui ne comprenait rien au spiritisme — s'avisa d'ouvrir l'œil un peu plus qu'on ne l'avait prié de le faire. Et que vit cet indiscret ? Il s'aperçut et fit constater que la main invisible et surnaturelle qui se promenait sur les augustes nez de l'Impératrice et des dames de la Cour, n'était autre que le pied du médium.

Le geste parut peu galant, voire irrespectueux ; et l'Empereur fit expulser Hume du territoire français, avec défense d'y jamais remettre ses mains de soulier, — comme dirait Balaoo.

Grande fut l'indignation des spirites. Elle était parfaitement légitime. Dunglas Hume ne venait-il pas, en effet, de prouver qu'il était, comme il l'affirmait, un médium « extraordinaire » ?

CHAPITRE II

Charles Eldred.

Spectateurs irascibles.

Tout le monde ne peut pas, comme Dunglas Hume dont je viens de vous conter les aventures, placer son pied nu sous le nez d'une impératrice, en affirmant à celle-ci qu'un esprit matérialisé la veut caresser de la main. Mais à défaut de grives on mange des merles ; à défaut de pouvoir s'offrir l'auguste tête d'une dame couronnée, on s'offre celle de bourgeois cossus. Que sa victime porte ou non une couronne, cela importe peu au charlatan qui se pare du nom de médium ; il lui suffit que le portefeuille de celui auquel il s'en prend, soit bien rembourré et qu'il s'entr'ouvre facilement.

Tout travail mérite salaire. Le faux médium ne saurait donc travailler sans s'assurer par avance d'une rémunération raisonnable. Du reste, il a dû, avant que d'acquérir la dextérité nécessaire et l'audace obligatoire, faire un long et délicat apprentissage ; puis il lui a fallu se procurer un certain nombre d'accessoires, sans lesquels il lui serait impossible d'exécuter les tours qui émerveillent et touchent tant — à la poche — le public auquel il s'adresse, public assoiffé de merveilleux de pacotille, et qu'on désigne généralement sous le nom de public de « bonnes poires ».

Voyez par exemple ce M. Charles Eldred dont il a tant été parlé.

M. Charles Eldred avait, jusqu'à ces dernières années, grande réputation en Angleterre, sa patrie, et même dans le monde entier. C'était là, assuraient les spirites (et certains l'affirment encore), un médium défiant toute comparaison. Son autorité sur les esprits était considérable. Lorsqu'il donnait une séance, les habitants de l'au-delà, accourus en foule, se battaient à la porte, chacun d'eux voulant répondre le premier à l'appel de ce fameux évocateur de morts. Ladies et gentlemen défunts se mettaient, pour venir, sur leur trente-et-un. Leur suaire, toujours taillé dans une soie fine et riche, était d'une blancheur à rendre jaloux les lis. Les messieurs n'oubliaient point de passer chez le perruquier, afin de faire mettre en état leur chevelure, leur barbe et leurs moustaches. Quant aux dames, elles passaient des heures entre les mains de la coiffeuse. On avait du moins tout lieu de le croire, car les esprits qui répondaient à l'invitation de M. Charles Eldred étaient tous corrects, élégants, tirés à quatre épingles. Les spectateurs de ces défilés de défunts distingués s'accordaient à reconnaître que le médium avait, dans l'au-delà, de fort belles relations.

Un jour, quelques-uns de ces spectateurs, qui avaient l'émerveillement moins facile que les autres, eurent la tentation d'examiner, de tourner et de retourner une chaise appartenant au médium, et que celui-ci faisait toujours porter, quelques instants avant que d'y arriver lui-même, dans les salles où il devait donner une séance, et sur laquelle il s'asseyait. Ces étranges spectateurs avaient, paraît-il, peine à croire que M. Eldred eût besoin, pour s'asseoir, d'une chaise spécialement confectionnée pour lui. Cette circonstance leur paraissait suspecte. Bien méfiants, ces spectateurs !

Comme si M. Eldred ne pouvait pas, ainsi que nous faisons faire, pour être mieux chaussés, des bottines à la mesure de notre pied, se faire faire, pour une raison analogue, un siège à la mesure exacte de la partie de sa personne qu'il devait confier à ce meuble !

Ces spectateurs, qui manquaient de compréhension, prouvèrent bientôt qu'ils manquaient non moins de tact. Ayant en effet mis en mains la chaise de M. Eldred, ils remarquèrent et firent remarquer aux autres qu'un compartiment était dissimulé dans le dossier du meuble. Puis, renversant la fragile frontière qui sépare la patrie des hommes peu délicats de celle des plus noirs malfaiteurs, ils devinrent cambrioleurs : ils firent sauter la serrure du compartiment secret et...

Et quoi ?... Eh bien, ils retirèrent un à un, des profondeurs de la cachette, des masques, des perruques et des fausses barbes blanches, noires, blondes, rousses, plusieurs pièces de soie de Chine très fine, deux pièces de toile noire, des épingles, une bouteille et un certain nombre d'autres objets.

La présence de tous ces accessoires parut, je ne sais vraiment pourquoi, de nature à établir que

M. Charles Eldred était un mauvais plaisant. Nos spectateurs curieux appelèrent la police et firent arrêter le médium, qu'ils avaient au préalable mis dans l'obligation de rembourser les entrées. L'histoire ne dit pas s'ils s'approprièrent le montant de la recette, ou s'ils la répartirent entre chacun des assistants; mais tout, dans leur attitude singulière, m'incite à croire qu'ils conservèrent l'argent. Je leur fais en effet l'honneur de penser qu'ils ne croyaient pas sérieusement que M. Eldred avait dressé les esprits à répondre à son appel, comme on dresse un caniche à faire le beau ou le mort. Alors quoi? Ils venaient là pour voir une mascarade, et ils se seraient sincèrement indignés de découvrir les masques!..

CHAPITRE III

Craddock.

Une sensationnelle découverte.

Les spectateurs irascibles des séances du médium Eldred ne sont pas les seuls de leur espèce. Je n'en veux pour preuve que ces extraordinaires spectateurs qui, vers la même époque, s'en prenaient à un autre médium anglais, M. Craddock. Ce M. Craddock était un concurrent direct de M. Eldred. Comme lui il faisait apparaître les morts aux yeux des vivants ébahis. C'était ce qu'en pur langage spirite on appelle : « un très puissant médium à matérialisations ». Or tous les médiums à matérialisations ressemblent à M. Charles Eldred, — ou du moins presque tous...

Je sais que beaucoup me reprocheront cette petite réserve. Mais chacun a ses scrupules. J'ai les miens, comme tout le monde, et ils m'obligent à déclarer que tous les médiums à matérialisations ne dissimulent pas dans une chaise, dans une table, dans un coin du « cabinet médiumique » où ils se tiennent durant la séance, ou bien sur eux-mêmes, les accessoires dont ils usent pour se déguiser en spectre. Je n'ignore pas, en effet, que certains d'entre eux confient ce matériel à un compère qui le leur passe au bon moment...

C'est ce que n'avaient pas compris les spectateurs des séances de M. Craddock. J'ajoute que cela m'étonne d'autant moins que l'un de ces spectateurs, apercevant un jour un fantôme accouru à l'appel du médium, s'écria : « Voici mon père ! C'est bien lui !... » puis, deux secondes plus tard : « Non, non, ce n'est pas mon père ! C'est ma mère !... » Confondre une femme avec un homme, c'est déjà passablement singulier, mais prendre sa mère pour son père !... C'est à faire frémir... pour la raison de la victime de cette méprise, heureusement peu banale.

Eh bien, c'est ce même spectateur qui, au cours d'une séance de Craddock, découvrit, non l'Amérique, mais, ce qui est kif-kif, que Mme Craddock faisait parvenir à son mari les objets dont celui-ci avait besoin pour se déguiser en revenant. Et, désireux de faire la démonstration d'une vérité qui court les rues, ce pauvre sire sauta sur un fantôme, projeta sur lui la vive lueur d'une lampe électrique de poche qu'il avait — brave homme, va ! — apportée tout exprès, tout cela afin que l'on pût constater que le fantôme n'était autre que M. Craddock maquillé.

« Il se produisit alors quelque confusion, écrit le monsieur qui s'étonne d'apercevoir le soleil en plein midi, et le médium fut parfaitement reconnu par tous les assistants ».

Ceux-ci en furent, paraît-il, fort surpris et indignés au plus haut point.

Non, mais qui donc ces assistants s'attendaient-

ils à voir ? L'ange Gabriel ? Dieu le père ? Le Shah
de Perse ? Le Tsar ? Le Kaiser ? Qui ? Qu'on nous
dise qui !...

Ce n'est pas tout. Ces spectateurs, qui s'étonnaient
et s'indignaient devant la chose la plus normale et
la plus naturelle qui soit, se précipitèrent sur le
malheureux Craddock, tentant de lui arracher sa
fausse barbe et d'explorer ses poches. Craddock
agit comme, à sa place, vous ou moi l'eussions fait :
il boxa ces déments et endommagea quelques
mâchoires. Toutes nos félicitations au médium pour
cette attitude énergique.

Voyez-vous un quidam qui, étant au théâtre, se
précipiterait sur la scène et se mettrait en devoir
de débarrasser la jeune première des divers char-
mes postiches dont il lui a plu de se parer ? Le
régisseur mettrait incontinent ce malappris dehors
avec son pied quelque part.

— Nous devons alors, gémirent les assistants mis
à mal par Craddock, nous devons alors vous consi-
dérer comme un mystificateur !...

— Appelez-moi mystificateur si vous le voulez !
consentit le médium.

Il eut grandement tort de consentir à cette appel-
lation désobligeante et qu'il ne méritait point, alors
qu'il lui était loisible de répondre :

— Vous venez ici pour voir des revenants. Je fais
de mon mieux pour vous en montrer et pour gagner
ainsi l'argent que vous me donnez. Suis-je malha-
bile ? Non ; mais vous, vous êtes malhonnêtes, puisque, au mépris du règlement, vous vous jetez sur
les fantômes. Et c'est vous qui vous plaignez ! Et
de quoi, je le demande ! De me voir ? Mais vous

savez bien qu'ici, c'est Craddock qui opère, et non un autre. Quoi de surprenant, alors, à ce que ce soit moi que vous aperceviez en travesti ? Il n'y a là aucune mystification !...

Et si ces étranges spectateurs avaient répondu qu'ils payaient, non pour voir un médium déguisé en fantôme, mais des revenants authentiques, Craddock avait un argument bien simple et sans réplique à opposer à ces invraisemblables jobards : c'était tout bonnement de leur rire au nez.

CHAPITRE IV

Husk.

O Naïveté !...

Les médiums qui se moquent du monde sont nombreux. Je voudrais, poursuivant mon réquisitoire, vous signaler les tours vraiment extraordinaires de deux d'entre eux et faire ressortir, en même temps, l'incomparable jobardise des gens qui se laissent prendre dans les filets de ces fourbes audacieux. Il s'agit — encore — de médiums anglais. Le premier est le célèbre Husk, le second est une femme dont les narrateurs de ses merveilles ont omis de nous faire connaître le nom.

Commençons par Husk.

La *Revue spirite*, publication fort amusante à lire, car elle raconte sur un ton comiquement grave les histoires les plus abracadabrantes, insérait, dans un de ses numéros de l'année 1907, le bien curieux récit d'une séance donnée, à Paris, en 1881, par le médium Husk. Cette relation, datée du 1er décembre 1881, est due à la plume d'un homme brave et simple qui gobait les spectres avec autant de facilité et de délices que vous et moi nous gobons des œufs frais. Vous pensez si le récit d'un si bon monsieur doit être drôlatique! Je le reproduirais volontiers *in extenso*, pour le plus grand épanouissement de votre rate, s'il n'était un peu longuet. Mais le résumé que je me bornerai à en faire vous dédommagera encore très amplement, je l'espère, de la peine que vous voulez bien prendre de lire ces quelques notes.

Donc, dans le salon où a lieu la séance, onze personnes sont réunies autour d'une table sur laquelle ont été placés quelques joujoux, pour les esprits qui viendront : boîte à musique, clochette, grelots, porte-voix en carton, timbre à remontoir, sonomètre ou boîte à violon munie de cordes métalliques, etc. Derrière la table, un piano est adossé au mur.

Le médium arrive, accompagné d'un jeune homme, son interprète. Husk prend place à la table.

En face de lui s'assied l'interprète. On ferme à clef toutes les portes et deux personnes sont chargées de tenir le médium. Ces dispositions prises, on éteint le gaz.

« Mais, écrit le bon monsieur qui nous narre cette histoire, on garde sur la table une bougie allumée dans son flambeau de porcelaine ».

A la bonne heure ! vous dites-vous. On ne va pas y voir très clair, mais on y verra suffisamment, néanmoins, pour être en mesure de s'assurer que les phénomènes sont bien authentiques.

Erreur, mais erreur excusable, car on peut évidemment se demander pourquoi notre brave narrateur attire ainsi l'attention sur cette bougie restant allumée sur la table, puisqu'il doit, quelques lignes plus loin et après avoir conté quelques banalités, nous informer que :

« Les phénomènes ne pouvant être obtenus que dans la plus complète obscurité, on souffle la bougie ».

On souffle la bougie ! Voilà qui nous rassure immédiatement sur l'issue de la séance. La nuit étant enfin complète, les fantômes — qui préfèrent, chacun le sait, les ténèbres à la clarté — vont pouvoir apparaître.

— Qu'ils apparaissent donc !

Comme vous y allez ! Les esprits ne sauraient entrer ainsi dans une salle de réunion. Un esprit, c'est un haut personnage, que diable ! Et lorsqu'un haut personnage, lorsqu'un ministre, par exemple, pénètre dans une salle de réunion, la musique, aussitôt, pour lui faire fête, assourdit le peuple assemblé. Un esprit ne peut entrer dans le salon où vous êtes, que si la musique et les chants vous assourdissent. Je laisse à chacun le soin d'en découvrir la raison...

Donc, la boîte à musique est remontée. Mais la voix de cet instrument est bien frêle... Le médium demande aux assistants d'y joindre la leur, et il leur conseille, à cet effet, de chanter en chœur *Au clair de la Lune*. « Ainsi, dit-il, toutes vos pensées seront accordées, et j'en aurai plus de force pour produire les manifestations attendues » (on sait que les esprits sont censés puiser chez le médium, qui lui-même le draîne dans la salle, le fluide nécessaire à la production des phénomènes).

Ce double but atteint : vacarme infernal, sans lequel les spectres ne sauraient dignement faire leur entrée dans le salon, harmonisation des pensées, favorable et indispensable au drainage du fluide nécessaire, le médium tombe à la renverse dans son fauteuil.

Pendant trois quarts d'heure la boîte à musique grince et crie, tandis que les spectateurs hurlent de leur mieux *Au clair de la Lune*. Enfin, écrit notre bon narrateur : « au-dessus de la tête du médium, on entend une voix gutturale dont aucune expression ne peut rendre l'effet étrange. Cette voix s'exprime en anglais. Elle ne part pas d'une poitrine humaine, son timbre est absolument déformé ».

Je vous vois sourire. C'est au-dessus de la tête du médium que se fait entendre la voix... Elle s'exprime en anglais et le médium, justement, est un Anglais... L'effet de cette voix est étrange ; son timbre est, nous dit le bon monsieur lui-même, absolument déformé... Vous pensez tout de suite que c'est probablement le médium Husk qui parle en déformant sa voix ; peut-être aussi croyez-vous que ce médium est ventriloque ?...

Je vous laisse sourire et je passe.

Voici que les deux personnes placées l'une à la droite, l'autre à la gauche du médium, pour le contrôler, se sentent toucher par une main, d'abord à l'épaule, puis à la tête.

Parbleu ! vous écriez-vous, nous nous souvenons du médium Dunglas Hume dont vous nous avez déjà parlé et qui, à la faveur de l'obscurité, caressait avec son pied les joues de l'Impératrice Eugénie, en faisant accroire à cette souveraine qu'elle était touchée par la main matérialisée d'un esprit. Votre Husk faisait de même !....

Souriez, souriez toujours...

Je continue :

La boîte à musique ronronne sans trêve, les assistants, sans se lasser, chantent à tue-tête.... Mais, je l'ai dit, les esprits aiment le bruit. Il paraît que le chahut ne leur semblait pas encore suffisant, car ils apportèrent du renfort. En effet, tout à coup, mystérieusement, la clochette et les grelots carillonnèrent ; le sonomètre, enlevé de dessus la table, se mit à voltiger au-dessus des têtes, « en rendant des sons d'une beauté merveilleuse », assure notre excellent narrateur, qui, au comble de l'émerveillement, s'écrie : « C'est inouï ! » (Tu parles !...)

Mais notre bon monsieur suppose — oh ! cher homme, quelle idée !... — que ses lecteurs pourront peut-être s'imaginer qu'il a été victime d'une illusion. Et il entend — c'est très naturel — qu'on ne soit pas tenté de s'arrêter à cette explication. Il écrit :

« Assurément nous ne sommes pas les jouets d'une illusion, car on a eu soin, avant la séance, d'enduire le dessous du sonomètre d'une matière phosphorescente qui permet de constater son déplacement ».

Nous croyons tous bien volontiers que le bon monsieur n'a pas été victime d'une illusion. Mais je me vois dans le regret de lui dire que la précaution qu'il a prise ne rimait à rien. Où est en effet l'utilité d'établir qu'un instrument de musique qu'on entend jouer dans l'espace, où il se promène, évolue réellement ? Ce qu'il serait en revanche très intéressant de savoir, c'est pourquoi et comment cet instrument se promène ainsi. Ah ! si

au lieu d'enduire le sonomètre d'une matière phosphorescente, on en avait enduit le médium et son
interprète.....

Cela eût été d'autant plus utile, à mon humble
avis, que notre bon monsieur nous apprend que la
boîte à musique, laquelle pesait, paraît-il, plus de
trente kilogrammes, a été, à son tour, enlevée de
dessus la table, puis posée sur le piano. Il ajoute :

« L'esprit revient vers la table. Il en fait le tour,
on sent son approche, quand il passe, comme celle
d'une personne vivante, mais invisible. »

Vivante, je le crois ! Invisible, je le crois également, car, on le sait, les esprits ne deviennent
visibles que lorsque le médium dispose d'un
cabinet où il se tient durant la séance, cabinet d'où
les esprits sortent, et où ils rentrent après avoir
dansé quelques entrechats ; de sorte que les mauvaises langues prétendent que les spectres ainsi appa-
rus ne sont autres que le médium revêtu de tulle
phosphorescent, ou, parfois, un morceau de ce tulle
brandi par ledit médium ; et, disent toujours les
mauvaises langues, le cabinet est indispensable pour
cette sorte de tour : c'est le cabinet... de toilette du
médium. Sans cabinet pour le médium, point de fantômes visibles, le médium ou son compère, et parfois tous les deux, opérant alors en simple tenue de
ville.

Revenons au récit du bon monsieur.

L'esprit musicien, acrobate et déménageur, qui
se nommait « Irrésistible » (!!!) cède la place à
un esprit qui demeure également invisible, mais
qui, après avoir déclaré qu'il se nomme « John

King », saisit le porte-voix et dit : « Bonjour messieurs ! bonjour mesdames » et : « Dieu vous bénisse ! » A quoi chacun répond poliment : « Merci ». C'est bien le moins !...

Sur ce, la séance est levée ; on allume le gaz et Husk se réveille.

En revanche, les lecteurs de la *Revue Spirite* auxquels est contée cette histoire, ronflent à poings fermés. Vous aussi, sans doute...

CHAPITRE V

Mlle X...., médium anglais.

Pour dormir debout.

Si les abonnés de la *Revue spirite* s'endorment à la lecture de l'histoire baroque que leur raconte le bon monsieur qui assista, en 1881, à une séance du médium Husk, et si d'autres récits du même genre, que publie dans chacun de ses numéros cet organe vraiment stupéfiant — c'est le mot propre — du spiritisme kardéciste, produisent un effet identique, les personnes qui souffrent d'insomnie aiguë peuvent également trouver dans quelques autres revues spirites, françaises et étrangères, un remède à leur mal. Ceux de nos contemporains qui lisent la revue anglaise *Modern-Astrology*, notamment, n'ont absolument rien à envier, sous ce rapport, à leurs « frères en croyance » français, dont la *Revue Spirite* fait les délices. Dans l'une comme dans l'autre de ces deux publications, on rencontre les récits les plus effarants — et si joliment présentés ! — de phénomènes acrobatiques incroyables. Ah ! les charlatans de tout poil trouvent là des rédacteurs remplis de naïveté et de candeur, qui leur confectionnent de ces procès-

verbaux de séances à faire mûrir instantanément les
poires les plus vertes !...

Parmi les chefs-d'œuvre du genre peut, sans contredit, prendre place le compte-rendu qu'insérait, en
décembre 1904, *Modern-Astrology*, compte-rendu à
elle adressé, écrit cette revue, « par un de nos vieux
collaborateurs connu sous le pseudonyme de Charubel ».

Il s'agit de cette jeune fille à laquelle je fais allusion plus haut et dont ses admirateurs ont oublié de
nous faire connaître le nom.

Cette jeune fille, que M. Charubel qualifie « le
médium le plus grand et le plus extraordinaire qui
soit aujourd'hui » — c'est là un cliché que sortent
les spirites en l'honneur de tout médium — cette
jeune fille produisait, paraît-il, deux sortes de phénomènes. Il y avait les phénomènes ordinaires et...
et ceux qui ne l'étaient pas, comme vous l'avez
deviné. Seulement, ce que vous ne devineriez
jamais, c'est de quelle nature sont les phénomènes
que M. Charubel classe dans la catégorie « ordinaire ». Je lui emprunte l'énumération qu'il en fait.
Selon M. Charubel, sont « ordinaires » les phénomènes suivants : « lévitation d'objets très pesants,
meubles qui la suivent (la jeune fille), lorsqu'elle
passe d'une pièce dans une autre, comme s'ils flot-
taient dans son sillage ».

M'est avis que si votre fille entraînait, « dans
son sillage », votre buffet de salle à manger, votre
armoire à glace et votre bureau-ministre, vous ne
jugeriez pas qu'il s'agit là de phénomènes précisément ordinaires ! Mais voilà, vous n'êtes pas M. Charubel, vous ! et M. Charubel demeure serein —

typographe, mon ami, prends garde à la coquille ! —
quand vous, vous resteriez tout simplement « baba ».

A ce qui semble ordinaire à ce M. Charubel, zuze
un peu, mon bon, comme dit le Marseillais, ce que
doit être ce qui lui paraît extraordinaire !

Oh ! les phénomènes que M. Charubel ne qualifie
pas d' « ordinaires » sortent bien, en effet, mais là
complètement, de l'ordinaire. Oyez plutôt M. Charubel :

« Un soir, le médium et moi nous étions seuls
dans la même pièce obscure. Bientôt je l'entends
causer à quatre personnes différentes, alors que
nous étions seuls tous deux. Je veux allumer enfin
le gaz et je cherche à tâtons des allumettes. Une
voix, flottant dans l'air, s'écrie : « Je vais les trouver », et immédiatement une boîte d'allumettes me
tombe dans la main ».

Hein ! que dites-vous de cette voix, « flottant dans
l'air », qui va chercher des allumettes ?.. ..

Il y a mieux. Lisez la prose de M. Charubel :

« Le médium disparaît physiquement par le
moyen du véhicule astral ».

Nous connaissons les automobiles, les dirigeables
et les aéroplanes, mais nous ne connaissons pas le
« véhicule astral ». M. Charubel, lui, le connaît.
C'est un homme, vous dis-je !

Il continue :

« Maintes fois il nous arrive de l'appeler (le
médium), sachant qu'elle est *physiquement* dans telle
chambre. Nous nous apercevons alors qu'elle a passé
dans une autre pièce à l'étage au-dessous ».

Emportée par le « véhicule astral », cela n'est pas
douteux, car un médium qui a un tel équipage à

sa disposition, ne saurait décemment, comme nous autres, pauvres bénêts, s'astreindre encore à emprunter l'escalier.

« Elle a visité, grâce à ce don mystérieux, toutes les parties du monde habitable... », poursuit M. Charubel.

S'il n'y avait que des voyageurs de cette espèce, les compagnies de chemins de fer et de navigation seraient vite en faillite !

« Elle ne disparaît point, ajoute M. Charubel, par les portes ou les fenêtres. Elle se dématérialise. Il n'y a pas besoin de porte, étant dans la *quatrième dimension* de l'espace ». Ah ! cette quatrième dimension ! C'est l'explication-omnibus. Dès qu'on est en présence d'un phénomène extraordinaire, réel ou faux, peu importe, si l'on ne peut parvenir à lui trouver une explication plausible, on met en avant la quatrième dimension. C'est on ne peut plus commode ; malheureusement, comme personne n'a jamais vu cette quatrième dimension, c'est à peu près comme si l'on nous disait : « Ce phénomène se produit grâce au ratata-zim-boum-boum ».

Tout ce texte de M. Charubel est très clair et très convaincant — pour un spirite. Mais pas pour vous, sans doute. C'est parce que, me ressemblant en cela, vous n'êtes pas très intelligents. Là où les spirites saisissent admirablement, vous n'y comprenez goutte. Je m'en réjouis grandement, car sans être très orgueilleux, je ne suis pas fâché, néanmoins, de savoir que vous n'êtes pas plus malins que je ne le suis moi-même. Devant des récits de cette sorte, nous demeurons tous aussi stupides les uns que les autres.

Toutefois, lorsque je lis, à la fin du compte-rendu de M. Charubel, cette phrase : « Elle disparaît subitement ; à son retour elle semble tomber violemment sur le plancher ; une fois elle est restée ainsi dans l'espace pendant deux heures », je peux encore, malgré l'engourdissement cérébral que je ressens à la suite de cette longue lecture, retrouver assez de force pour émettre un regret : c'est celui que le médium ne soit pas resté dans l'espace. Car des êtres doués de facultés si bizarres m'effraient, je ne le cache pas.

Mais si loin qu'elle s'en aille avec son « véhicule astral », la jeune fille revient toujours sur la terre. Cette fidélité que la hardie voyageuse témoigne ainsi à notre pauvre machine ronde, serait extrêmement flatteuse pour celle-ci, si l'on pouvait être assuré que le médium de M. Charubel aime la terre pour elle-même. Il n'en est malheureusement pas ainsi, je le crains fort, et cette intéressante personne, qui adore les voyages, me fait l'effet de leur préférer de beaucoup les poires, fruits délicieux du reste, et dont sont friands tous les médiums ; mais comme, si je ne m'abuse, on n'en doit point trouver dans les espaces interplanétaires, notre jeune fille revient de temps en temps parmi nous, pour faire sa cueillette...

CHAPITRE VI

Le docteur comte Albert de Sarrak.

Une soirée merveilleuse.

Dans les dernières semaines de l'année 1907, la *Revue spirite* — chaque fois qu'il est question d'un charlatan, on trouve son nom dans la *Revue spirite* — publiait, sous le titre : « Une soirée merveilleuse », le compte-rendu mirifique d'une séance donnée, à Paris, par un individu qui se disait fakir et qui n'était — naturellement — qu'un imposteur, le trop fameux docteur comte Albert de Sarrak, lequel n'a jamais été ni docteur, ni comte, ni même Sarrak. Ce récit était dû à la plume émerveillée du docteur Pau de Saint-Martin.

Emerveillé, le docteur Pau de Saint-Martin l'était de façon surprenante. Recevant ce praticien dans les bureaux de l'*Echo du merveilleux,* quelques jours après qu'eût paru son article, je le pris tout d'abord, tant il m'entretenait avec feu des phénomènes obtenus par Sarrak, pour un de ces illuminés comme on a si souvent l'occasion d'en voir lorsqu'on s'occupe activement des recherches psychiques. Le docteur Pau de Saint-Martin venait, de

la part de M. de Sarrak, inviter le directeur de la
revue, Gaston Mery, à une nouvelle séance que
devait donner tout prochainement le fakir.

J'insistai pour assister, moi aussi, à cette séance ;
Gaston Mery joignit sa voix à la mienne. En vain.
M. Pau de Saint-Martin nous assura qu'il ne dispo-
sait que d'une seule invitation. Sarrak ne pouvait,
cette fois du moins, inviter que Gaston Mery. Plus
tard, on verrait à m'inviter en même temps que
lui. En même temps. Gaston Mery tenait beaucoup
à ce que ce fût en même temps. Moi aussi, d'ailleurs. Gaston Mery avait son idée. J'avais la mienne.
C'était la même. Seul, il est extrêmement difficile
de surprendre un tricheur. Rien de plus simple, au
contraire, lorsqu'on est deux. Or, Mery et moi,
nous avions idée que Sarrak n'était qu'un farceur
de mauvais aloi. Inutile d'ajouter, n'est-ce pas,
que jamais je ne fus invité, Gaston Mery ayant,
dès la première séance, émis des doutes peu enga-
geants pour Sarrak, qui eut d'autant moins le
temps d'oublier cette attitude peu favorable, qu'au
cours de la séance suivante, Mery et quelques autres
démasquaient l'astucieux personnage, qui devait
cependant, malgré cette flétrissure, trouver encore,
durant trois années, des admirateurs de ses « facultés » et des commanditaires de son négoce.

Mais revenons à nos moutons.

Dans son article, le docteur Pau de Saint-Martin
nous parle tout d'abord de la conférence macaro-
nique faite par Sarrak, dès le début de la séance,
aux quelques personnes très argentées qu'il avait
conviées à venir s'émerveiller de ses tours d'acro-
batie. La conférence achevée, Sarrak, qui était

en habit, comme un vrai gentleman, mit une robe, pour ressembler davantage à un fakir. De quelle couleur était cette robe, c'est ce que M. Pau de Saint-Martin ne nous dit pas ; mais — et ceci nous suffira — il nous apprend que sa nuance « était en rapport avec les influences planétaires ». De sorte, ajoute-t-il, que cette couleur « varie nécessairement suivant le temps, le jour et les saisons ». Nous voilà donc fixés.

Ayant passé sa robe couleur de temps, notre Sarrak avise un général qui se trouve là — drôle de place pour un guerrier ! — et « dont les réactions », écrit M. Pau de Saint-Martin, « sont des plus favorables à la manifestation qu'il va s'efforcer de provoquer », et il le prie de venir au milieu du salon et de réunir ses mains en forme de coupe. Dans cette coupe improvisée, que Sarrak a remplie de terre, un autre spectateur, le commandant Mantin (tout pour l'armée, ce soir-là !), qui était alors rédacteur en chef de la *Revue spirite*, sème des grains de blé. Un troisième assistant est alors prié, par Sarrak, de venir arroser le jardin du général ; il se sert pour cela de l'eau qu'a laissée Sarrak au fond de son verre de conférencier, lorsqu'il prononçait sa harangue. Cette eau devait évidemment avoir des vertus tout à fait spéciales...

Le travail de jardinage mené à bien, Mme Sarrak se met au piano et joue un petit air « pour générer des vibrations destinées à harmoniser les fluides de l'ambiance et seconder l'extériorisation des fluides personnels » de son fakir de mari, qui pendant ce temps tourne autour du général et de son jardinet.

Ici, il faut citer servilement M. Pau de Saint-Martin :

« L'expérience réussira-t- elle ? Tous le souhaitent sans trop l'espérer, car nous avons été prévenus que les conditions atmosphériques étaient plutôt défavorables, le temps très pluvieux et l'air surchargé d'humidité. D'ailleurs, comment un grain de blé pourrait-il germer dans des conditions pareilles ? Dans le cours de son voyage aux Indes, Jacolliot, en parlant des fakirs, cite, il est vrai, des faits analogues, mais l'Orient est bien loin et jamais, en Europe, phénomène pareil n'a encore été constaté ».

Et M. Pau de Saint-Martin nous décrit l'attitude de Sarrak, yeux mi-clos, bras levés, récitant des invocations au « maître invisible » (??), les veines du front gonflées à se rompre, comprimant parfois son cœur prêt à éclater, et patati, et patata. Vous voyez d'ici le tableau.

Au bout de huit minutes, montre en main, le blé a germé dans la coupe du général. Tout ébahi, M. Pau de Saint-Martin écrit :

« Après les applaudissements et les félicitations que l'on devine, et après avoir pris quelques moments d'un repos dont on conçoit assez la nécessité, étant donné l'effort énorme et la dépense de force vitale qu'a dû exiger l'expérience précédente..... ».

Pour qui sait que Sarrak — comme nous le verrons — n'est qu'un truqueur, c'est à se métamorphoser en tire-bouchon !

Enfin, après avoir pris un repos si bien gagné, « Sarrak se lève, et, sans indiquer encore le but de ses demandes, prie deux personnes prises au hasard, la première de lui fixer ce qu'il appelle » — tenez-vous, afin de ne pas tomber à la renverse — « une ligne de direction pour l'émission volontaire de ses fluides, la seconde de désigner une partie quelconque du vêtement de Mme M..., soit, dans l'espèce, la manche gauche d'un pardessus qui, maintenant, est dans l'antichambre ».

Pourquoi cela ? Parce que Sarrak va expédier dans la direction de cette manche, une carte de visite qu'il a déchirée en quatre morceaux.

Tenant dans une de ses mains trois de ces morceaux — le quatrième a été confié à la garde d'un assistant — Sarrak, accompagné de deux spectateurs, passe dans une pièce voisine. Là, il s'allonge à terre, se roule, geint, ronronne des invocations. Enfin, toujours accompagné de ses deux gardes du corps, notre homme réapparait dans le salon. Il a les mains vides.

Surprise. Murmures. Frissons.

Où diable peuvent bien être les trois morceaux de la carte de visite ? L'un est dans la manche d'un monsieur, l'autre sur un meuble, le troisième, enfin, dans les bureaux de la *Revue Spirite*, où on le retrouva le lendemain matin. Sarrak avait tout d'abord dématérialisé ces bouts de carton, puis il les avait fait voyager dans l'espace, enfin il les avait rematérialisés !

Très fort, vraiment très fort. Aussi les assistants en restèrent-ils tout bêtes.

Voici le bouquet. Sarrak se fait bander les yeux, et, sur une toile neuve, avec du bleu de Prusse et du blanc de céruse, il dessine une marine, mais pas une marine ordinaire, vous le pensez bien, « une

marine avec des vagues, des rochers et la lune entre
les nuages », nous dit, en effet, M. Pau de Saint-
Martin. Une marine avec des vagues, des rochers, la
lune et des nuages ! Ainsi, monsieur !...

Le fait serait incroyable, si M. Pau de Saint-Martin
ne nous donnait obligeamment la clef de cette trou-
blante énigme. Sarrak, nous apprend-il, n'a com-
mencé son dessin qu' « après quelques instants de
concentration » — à la bonne heure, je commence à
comprendre ! — « et secondé toujours dans sa tâche
par les vibrations, non plus d'un piano, mais d'une
boîte à musique que son fils met en mouvement ».
Voilà ce qu'il fallait savoir ! Que ne le disiez-vous !
Si Sarrak s'est concentré, et si, par surcroît, il a été
secondé par les vibrations d'une boîte à musique,
tout s'explique merveilleusement !...

Mais peut-être pourrait-on trouver à ces étonnants
phénomènes une autre explication ? M. Pau de
Saint-Martin n'y a pas songé. Certains y ont pensé
pour lui. Ils ont cherché — et ils ont trouvé. Quoi ?
C'est ce que nous allons voir.

Les « trucs » du fakir.

Prenons d'abord le tour curieux de la carte
dématérialisée, puis rematérialisée. Sarrak, généralement, après avoir demandé à l'un des assistants
sa carte de visite, faisait passer celle-ci, dématérialisée, à travers le mur de l'immeuble, et on la
retrouvait, quelques instants plus tard, dans la rue,
sur le trottoir.

Le docteur Ochorowicz, témoin de ce tour de
passe-passe, en a surpris et nous en a dévoilé le

mécanisme très simple. Sarrak prend la carte dans
sa main, qu'il referme ; il fait éteindre l'électricité
— la lumière constituant toujours un obstacle —
sauf une lampe à verre rouge ; puis il se jette à terre,
se démène et soupire. Au bout de quelques instants, il se relève, fait rallumer : il n'a plus de
carte dans sa main. Il affirme qu'elle est sur le trottoir. On descend, on l'y trouve, et l'on admire, et
l'on s'exclame, et l'on félicite le « fakir ». Oui, mais
un beau soir, le docteur Ochorowicz, à qui ce « phénomène » ne paraissait pas très authentique, prie
un de ses amis, le docteur Gorecki, de s'embusquer
dans un recoin, en face de la porte cochère de la
maison du « fakir », et de surveiller les faits et gestes de toute personne qui sortira par cette porte,
ainsi que les agissements de tout individu qui pourrait ouvrir l'une ou l'autre des fenêtres de l'appartement occupé par Sarrak, et où a lieu la
séance. M. Gorecki se prête à l'expérience. Il s'em-
busque, regarde de tous ses yeux et... il voit arriver la fameuse carte de visite. Oh! elle vient, cette
brave petite carte, le moins mystérieusement du
monde, apportée par la femme de chambre de
M. de Sarrak qui, s'étant assuré que personne ne
rôdait dans les environs, la dépose sur le trottoir
et réintègre le domicile de son farceur de patron.
Quelques minutes plus tard, le docteur Gorecki
aperçoit deux messieurs qui, débouchant à leur tour
de la porte cochère, cherchent, les yeux fixés à
terre. Ils trouvent bientôt la carte ; ils la ramassent
et rentrent précipitamment, pour aller apporter la
bonne nouvelle aux spectateurs qui les ont envoyés.

Le docteur comte de Sarrak, lorsqu'il se vautrait

sur le plancher de son salon, avait toujours soin
de s'étendre auprès d'une porte. A la faveur de
l'obscurité relative et de ses contorsions, il glissait
sous cette porte la carte à lui confiée. Une femme de
chambre bien stylée s'emparait du bristol et l'allait
porter dans la rue. Et voilà !

Le tour non moins fameux de la germination
spontanée des grains de blé, s'explique tout aussi
naturellement. Dans la terre où l'on jetait les grains
de blé, Sarrak avait eu soin de placer, par avance,
plusieurs graines déjà germées.

Un tour qui produisait une profonde impression
était le suivant : Sarrak montrait aux spectateurs
quelques grains de caviar desséché, qu'il jetait
ensuite dans un verre à demi rempli d'eau. Puis il
s'asseyait dans un fauteuil, le récipient entre les
jambes. On étendait alors au-dessus de sa poitrine
et de ses genoux, une draperie blanche qu'un assistant était prié de soutenir, la partie supérieure étant
à cinquante centimètres au-dessus du récipient, la
partie inférieure touchant le plancher. Ces dispositions prises, on éteignait — naturellement — l'électricité, sauf une lampe. Et Sarrak geignait et prononçait des mots bizarres. Dix minutes se passent.
On rallume. Sarrak affirme qu'il est exténué. On le
plaint sincèrement, et l'on soulève la draperie : on
s'aperçoit alors que les grains de caviar desséché
ont donné naissance à une demi-douzaine de petits
poissons rouges.

Toutes les poires réunies là de mûrir instantanément. Le docteur Pau de Saint-Martin, dont nous
avons analysé plus haut le compte-rendu enthou-
siaste, ne se tenait pas d'aise devant un si beau

« phénomène ». Par malheur, un soir, le jeune fils de M. de Sarrak vint, immédiatement après cette sensationnelle expérience, faire à son père une de ces scènes vaudevillesques qui compromettent à jamais les plus jolies situations. Une dame ayant dit, assez haut pour être entendue de tous : « Il nous prend pour des poires !... » ce qui, ma foi, n'était pas si mal raisonné, Sarrak, pour effacer la mauvaise impression que cette juste remarque avait produite, eut l'idée de mettre de l'eau dans des verres, d'introduire dans chacun de ceux-ci un des poissons rouges qu'il venait de faire naître, et d'offrir un de ces petits aquariums à chacune des dames présentes. Mais le jeune Sarrak poussa des cris d'orfraie. Il courut vers sa mère et s'écria en pleurant : « Maman ! ils me prennent tous mes poissons !... ».

C'était la gaffe à ne pas faire. Vous en jugez d'ici les désastreux effets. Brouhaha. Causerie. Révélations suggestives. Plusieurs spectateurs, en effet, avaient pu, par suite d'un hasard extraordinaire, surprendre le « truc » du fakir. A un certain moment, un faux mouvement du docteur comte (tant il est vrai que chez cet homme tout était faux), avait provoqué le soulèvement de l'un des coins de la nappe blanche qui dissimulait aux regards indiscrets le bassin où le caviar desséché se métamorphosait en poissons rouges. Sur l'autre côté de la nappe, qui alors formait écran, ces spectateurs avaient vu se profiler l'ombre d'un tube qui, sortant de la robe du fakir, venait tremper dans le récipient. Ils avaient ensuite, rendus fort attentifs par leur peu banale découverte, entendu plusieurs légers bruits, comme ceux que feraient, précisément, des poissons tombant dans de l'eau. M. de Sarrak, c'était évident, dissimulait sous sa robe de fakir un appareil, en caoutchouc sans doute, renfermant de l'eau et des poissons ; en appuyant sur une poire, il faisait sortir, par le petit tube, les poissons rouges empruntés pour un instant à l'aquarium de son fils. Ce fut un beau tapage !

Démasqué, le docteur comte de Sarrak n'en continua pas moins, bien entendu, à trouver des admirateurs trop heureux de payer leurs places — quand il en restait au guichet — deux ou trois louis l'une.

Malgré les révélations de Gaston Mery, malgré celles de toute la presse, malgré celles de M. de Vesme, qui établit la véritable identité de ce charlatan et qui montra comment il avait, sous des noms divers et pompeux, mystifié les gogos du monde entier, malgré toutes les scandaleuses révélations qui furent faites, de nombreuses personnes persistèrent à regarder Sarrak comme un véritable et puissant fakir — et à lui offrir, non plus seulement des pièces d'or, mais des billets de banque. Le pauvre grand homme était si odieusement méconnu et diffamé, qu'il fallait bien lui témoigner quelque sympathie !...

Encouragé, soutenu, princièrement entretenu, le faux mage releva la tête. Il poussa même l'impudence — et l'imprudence — jusqu'à assigner (c'était en 1910) plusieurs publications qui avaient « débiné son truc », — comme on dit dans le monde auquel il appartient. Toutefois, il se montra assez avisé pour ne pas se présenter devant le tribunal. Lorsqu'il constata que le « bluff » n'avait aucun effet, ni sur les *Annales des Sciences psychiques*, ni sur le *Journal du psychisme expérimental*, lesquels, en dépit de son assignation, poursuivaient leur ardente et courageuse campagne de salubrité publique, le docteur comte de Sarrak, qui s'était flatté d'effrayer ces revues et qui maintenant les craignait fort, quitta précipitamment la France.

Il est vrai que M. Caroly, le célèbre illusionniste, venait d'expliquer tous les trucs de Sarrak, ajoutant qu'il viendrait faire sa démonstration devant le tribunal. Il est vrai aussi que le *Journal du psychisme expérimental* avait publié quelques-uns des documents extraits du dossier qu'il se proposait de placer sous les yeux des juges. On y voyait le pseudo-Sarrak vendre, sous le nom de Ernesto Sartini de Riosalto, des décorations imaginaires. On l'y voyait décorant Victor Hugo ! On l'y voyait — c'est le cas de le dire, car une photographie du personnage, reproduite par le *Journal du psychisme expérimental*, montre notre Sarrak, jeune, en un pompeux uniforme tout constellé de décorations — on l'y voyait fabriquant des diplômes enluminés conférant, contre espèces sonnantes, vous le pensez bien, des titres de noblesse tout aussi authentiques que les siens propres, naturellement.

Et comme, de toutes les parties du monde, parvenaient des révélations nouvelles et édifiantes, dont les journaux menacés de poursuites se disposaient à faire usage, le charlatan comprit qu'il gagnerait beaucoup en s'éclipsant. Il disparut donc, comme une simple carte de visite.

Tenez pour certain qu'il n'en compte pas pour cela beaucoup d'admirateurs de moins qu'auparavant, — au contraire. Que Sarrak nous revienne, et il trouvera de bonnes âmes pour plaindre son infortune, et pour lui offrir de l'argent. Ce sont les mêmes qui chaque jour couvrent d'or ses émules en tours de passe-passe, émules qui grouillent à Paris et ailleurs, et dont certaines revues spéciales, qui ne voient rien, et on pourrait presque dire qui ne veulent rien voir, font bruyamment l'éloge, opérant ainsi, pour le plus grand plaisir de ces fins gourmets, le rassemblement des poires les plus juteuses.

CHAPITRE VII

Mme Lucia Sordi.

La femme-orchestre.

Vous avez certainement été importunés déjà par cette sorte de placiers qui visitent, non les négociants, mais les particuliers, et qui ne consentent à quitter votre appartement que lorsque vous leur avez acheté leur camelote, ou que vous les avez reconduits jusque sur le palier, en leur caressant, avec la botte, le bas des reins. Beaucoup, parmi ces visiteurs tenaces, vous déclarent :

— Je suis le seul représentant de la fameuse poudre de Terlintintin. Aucune maladie d'estomac ne lui résiste...

— Je n'en ai nul besoin, répondez-vous, car mon estomac est en très bon état.

— Allons, tant pis ! Mais je me permettrai de vous faire observer que la poudre de Terlintintin est également souveraine contre la chute des cheveux...

— Je n'en ai jamais perdu un seul.

— Ah ! C'est bien regrettable... Mais je veux espérer que vous avez parfois la migraine...

— Je ne sais pas ce que c'est que d'avoir la migraine.

— Je le déplore, car la poudre de Terlintintin pourrait vous soulager. Essayez-la sur vos cors, qui vous font cruellement souffrir, je me plais à le croire. En quarante-huit heures...

Pour ma part, je n'en écoute jamais davantage, et il arrive même qu'avant que d'en avoir tant dit, le placier roule dans l'escalier avec sa précieuse marchandise.

Je n'ai nulle confiance, en effet, dans les vertus des médicaments qui guérissent tous les maux. Je ne crois pas davantage à la bonne foi des médiums qui exécutent mille et un tours plus singuliers les uns que les autres. C'est dire que je classe dans la catégorie des faux médiums l'italienne Lucia Sordi, dont, depuis des mois, tous les journaux spirites nous rebattent les oreilles.

On dit de certains individus qu'ils sont trop polis pour être honnêtes ; Mme Lucia Sordi me fait l'effet d'être trop bien-douée pour être un vrai médium. Il n'est pas d'impossibilité dont elle ne triomphe aisément. A côté d'elle, M. de Sarrak lui-même n'est qu'un tout petit garçon. Ma parole, cette Mme Sordi en remontrerait à Dieu le père !

Vous croyez que j'exagère ? Voyez plutôt quels sont les petits talents de la dame :

Elle met une bague à son doigt ; avec des fils, cette bague est attachée au poignet du médium ; puis les fils sont cachetés avec de la cire. Mme Sordi enfile un gant ; on le coud à la manche de son corsage. On éteint, on palpe la main de Mme Sordi : le gant y est toujours, les fils et les cachets y sont aussi ; mais la bague a disparu.

Autre expérience : dans une boîte, vous placez

divers objets ; vous fermez la cassette au cadenas, puis vous l'entourez avec des bandes de ruban dont chaque nœud est soigneusement cacheté. On éteint. On rallume : les objets que vous aviez mis dans la boîte sont là, sur la table ; le cadenas est toujours fermé et les cachets, sur les rubans, sont intacts.

Vous êtes hébétés d'admiration ? De grâce, ressaisissez vos esprits, car vous allez voir mieux encore.

Voici une grande cage de bois dont les barreaux sont distants l'un de l'autre de neuf centimètres. Vous y enfermez le médium, vous le ligottez sur une chaise, puis vous éteignez. Vous rallumez, et qu'apercevez-vous ? La tête du médium qui, passée entre deux barreaux de la cage, apparaît dans la salle. Or cette tête, ainsi que vous pouvez vous en assurer, ne saurait passer que dans un espace de quatorze centimètres, et les barreaux sont distants l'un de l'autre de neuf centimètres seulement. Pour mieux rêver — car vous reconnaîtrez qu'il y a bien là de quoi rêver — vous éteignez à nouveau. Au bout d'un instant vous rallumez... pour constater que la tête du médium est rentrée dans la cage et que Mme Sordi est assise sur sa chaise, parfaitement ligottée.

Eh bien ! cela n'est rien encore. Eteignez une nouvelle fois, puis rallumez : le médium n'est plus dans sa cage. Mon Dieu ! se serait-il volatilisé ? Ah ! quelle grande perte ce serait ! Rassurez-vous. Mme Sordi est là, à côté de vous, bien tranquillement assise sur cette chaise. Vous allez vérifier la porte de la cage : elle est bien fermée, et les cachets de cire que vous y avez apposés, sont intacts.

Que s'est-il donc passé ? Oh ! une chose très simple, en vérité, comme vous l'allez voir. Le médium, qui est doué de la faculté de se dématérialiser et de se rematérialiser à volonté, a tout simplement passé à travers la matière. Comprenez-vous ? Non ? C'est que vous n'êtes guère intelligents, car c'est clair comme de l'eau de roche. Voici le médium dans sa cage : un, deux, trois, f...uu...it, ça y est, il est dématérialisé ; un, deux, trois, f...uu...it, il traverse les pièces de bois de sa prison et gagne la chaise qui se trouve à votre droite ; un, deux, trois, f...uu...it, et, rose, pimpant, pas un de ses cheveux dérangé, il est là, rematérialisé, commodément assis et nullement ému. J'espère que, maintenant, vous avez saisi !...

Sarrak, lui, se contente de dématérialiser des cartes de visite. Mme Lucia Sordi a voulu faire mieux : elle dématérialise et rematérialise des bagues et d'autres objets, tels que tambourins et sonnettes ; grâce à ce petit travail, très facile à exécuter, elle fait, dans les conditions relatées plus haut, sortir les bagues de ses doigts et les tambourins et les sonnettes d'une cassette scellée. Mais où sa supériorité, déjà évidente, devient incontestable, c'est lorsqu'elle se dématérialise et se rematérialise elle-même.

Je vous ai narré l'histoire de cette jeune femme anglaise qui, elle aussi, se dématérialise et voyage ensuite dans l'espace, en se servant du véhicule astral. Mme Lucia Sordi ne possède pas encore d'équipage semblable, sans doute en raison du prix de ce véhicule, qui doit être fort élevé, si j'en juge par l'extrême rareté des voitures de cette sorte. Mais

cela viendra. Mme Sordi est sur le chemin de la
Fortune. Douée de facultés si exceptionnelles, elle
ne peut manquer de faire des recettes princières.
D'autant plus que ses tours sont nombreux et divers.
Elle sait faire apparaître des mains fluidiques qui
giflent les spectateurs spirites, lesquels ne sauraient
trouver intéressante une séance médiumnique si elle
ne leur avait rapporté quelques paires de taloches ;
elle obtient des esprits qu'ils apparaissent et péro-
rent ; elle est, en un mot, capable d'exécuter les
mille et un tours qu'exécutent tous les médiums ses
confrères, et elle possède, de plus, les hauts et rares
pouvoirs sur lesquels je me suis étendu et qui lui
valent un succès colossal.... chez les spirites.

Car nous allons constater, hélas ! que tout le monde
ne rend pas pleinement justice à Mme Lucia Sordi,
et que quelques personnes difficiles à contenter
n'applaudissent pas à ses exploits fameux. Certains
affirment même avoir découvert les trucs ingénieux
qui lui permettent de faire si aisément tant et tant
de merveilles, et ils les dévoilent, au grand scandale
des spirites, pour lesquels tout médium est sacré,
même — et surtout — lorsqu'il s'offre leur tête.

L'éloquence d'une tête de bois.

Le cas de Mme Lucia Sordi est un des plus
curieux qui soient, tant par le toupet fabuleux dont
fait preuve ce médium que par la naïveté vraiment
sans seconde dont font montre, et les spectateurs
de ses séances, et les organes spirites qui en ren-
dent compte.

Ayant énuméré les merveilles dont ce médium

régale ceux qui se dérangent pour le contempler
dans ses exercices de clown adroit, je vais, m'appuyant sur les déclarations de spectateurs qui
n'avaient pas leurs yeux dans leur poche, expliquer
de quelle façon Mme Lucia Sordi s'y prend pour
faire voir midi à quatorze heures aux bons jobards
qui vont admirer son « travail ».

Mme Lucia Sordi entre dans une cage dont la porte
est ensuite fermée, puis scellée. Elle-même est ficelée sur une chaise, et les cordes qui la lient sont
cachetées avec de la cire. On éteint, et lorsqu'on rallume, la tête du médium se trouve passée en dehors
de la cage, le cou pris entre deux barreaux, ou bien
le médium, sorti de sa prison, est dans la salle, au
milieu des assistants. On éteint, on rallume, et le
revoilà prisonnier. Si nous en croyions Mme Sordi,
elle se serait dématérialisée ; elle aurait, en cet état,
traversé la matière dont est formée sa cage ; puis
elle se serait, une fois au dehors, rematérialisée.

C'est une explication. Il en est une autre, moins
« renversante », mais infiniment plus plausible. Elle
nous est fournie par un éminent criminologue de
Munich, le docteur de Schrenck-Notzing, qui a étudié de très près — Mme Sordi dirait même de trop
près... — le médium et sa cage.

Les barreaux de la cage en question sont, on s'en
souvient, distants l'un de l'autre de neuf centimètres, et la tête du médium ne peut passer que dans
un espace de quatorze centimètres ; il faut, naturellement, à son corps, un passage plus large encore.

« Voilà qui prouve bien, disent les spirites, la
réalité de la dématérialisation du corps de Mme Lucia Sordi ».

C'est peut-être conclure avec trop de hâte. Le docteur de Schrenck-Notzing, qui, heureusement pour lui, n'est pas spirite, réfléchit toujours avant de s'émerveiller. Il réfléchit donc, et il lui vint une idée qui, bien certainement, ne germerait jamais dans l'esprit d'un spirite : « Peut-être bien, se dit-il, que ces barreaux se peuvent écarter, ce qui expliquerait tout... ». Ayant ainsi pensé, M. de Schrenck-Notzing s'en fût secouer un brin les barreaux de la cage. Il écrit à ce sujet :

« Je m'aperçus que les barreaux, de simple bois de sapin et arrondis aux angles, étaient plutôt flexibles, si bien qu'en tirant l'un d'eux et en poussant son voisin dans le sens contraire, je parvins à porter la dimension de l'ouverture de neuf centimètres à quatorze et quinze », c'est-à-dire, remarquez-le, à la dimension même de la tête du médium.

M. de Schrenck-Notzing poussa le scrupule jusqu'à faire confectionner un œuf en bois qui avait exactement la forme et les dimensions de la tête de Mme Lucia Sordi, et il essaya de faire passer cette tête de bois entre les deux barreaux. L'expérience réussit parfaitement. Le phénomène de la tête du médium passant entre deux barreaux de la cage, perdait du coup toute son apparence merveilleuse et mystérieuse.

Mais, direz-vous, cela ne nous explique pas comment le corps du médium pouvait passer entre les barreaux. Passait-il de la même façon que sa tête ?

Oui ; et dans le remarquable article qu'il écrivait, en août 1911, dans les *Annales des Sciences Psychiques*, l'éminent praticien s'exprimait ainsi :

« Si cet intervalle fut écarté au moyen de la tête

de bois de neuf à quatorze centimètres, et si je pus
l'écarter avec mes mains jusqu'à quinze centimètres,
on voit la possibilité presque sûre de pouvoir éloi-
gner les barreaux de dix-huit ou même de vingt centimètres, en y appuyant les épaules et en faisant
passer la cage thoracique.

« Les mesures que je pris dans ce but au compas
à différentes personnes prouvent que le thorax
humain, au moment de l'expiration (sans pression
interne spéciale), peut être réduit à volonté dans les
proportions de seize à dix-huit centimètres. Il n'y a
aucun doute que les barreaux de bois avec une pression plus forte, puissent s'écarter jusqu'à ces dimensions. Il y a en outre la possibilité de restreindre le
thorax, à un diamètre encore inférieur à quinze
centimètres, vu l'élasticité des jointures du corps
humain et l'absence de résistances dures dans le
corps et cela surtout si l'on exerce ultérieurement
une pression contre une forte barre de bois ».

Le docteur décrit ensuite, savamment et minutieu-
sement, les divers mouvements à exécuter pour
atteindre le but qu'il indique. Un peu plus loin, il
se demande avec juste raison pourquoi, s'il s'agit
d'un phénomène réel, le médium n'emploie pas, au
lieu de barreaux flexibles de sapin, des barreaux de
fer.

M. de Schrenck-Notzing, vous l'avez vu tout de
suite, est un mauvais coucheur. Rien ne le satisfait
ni ne le convainc. Il nierait la lumière du soleil !

Il nie une chose plus évidente encore : il nie que
Mme Lucia Sordi (il lui en veut, décidément) dématérialise ses bagues et qu'elle les fasse, par ce moyen,
sortir de ses doigts, alors qu'elles sont maintenues

attachées par des fils scellés, et que le médium a mis des gants qui ont été cousus à la manche de son corsage. Oui, le docteur de Schrenck-Notzing nie cela, et cependant, les bagues parties, on constate que les fils n'ont pas été coupés, que les cachets de cire sont intacts, que les gants n'ont pas été décousus. Notre docteur affirme avoir constaté lui-même que, toutes ces conditions réalisées, les bagues ne sont plus au doigt du médium !

Mais un homme qui ose nier, dans les circonstances que je relate plus haut, que Mme Sordi se dématérialise réellement pour sortir de sa cage et pour y rentrer, est évidemment capable de mettre en doute le phénomène le plus authentique.

Nous allons voir, si vous le voulez, comment ce négateur des manifestations les plus indiscutablement réelles, explique son scepticisme en ce qui regarde le phénomène de dématérialisation des bagues de Mme Sordi. Nous allons voir aussi qu'il a été assez inconvenant pour tenter de contempler de près les fantômes qui venaient le chatouiller, et nous apprendrons avec plaisir qu'il en a été cruellement — et justement — puni, en constatant que les « esprits » qui le taquinaient ainsi, n'étaient autres que le médium lui-même. Nous verrons enfin que d'autres spectateurs aussi peu respectueux des convenances que l'est le docteur de Schrenck-Notzing lui-même, ont été châtiés de la même manière. Et nous applaudirons de bon cœur à ces leçons bien méritées.

Tours de passe-passe.

Examinons, pour commencer, le tour de la bague. Afin de vous donner une idée exacte de ce qu'est cet exercice, j'emprunte au docteur de Schrenck-Notzing — qui explique d'une façon si lumineuse le tour de la dématérialisation du médium — la relation qu'il en fait dans les *Annales des Sciences Psychiques*. L'exposé y gagnera beaucoup en clarté. M. de Schrenck-Notzing écrit :

« On fit ganter à Mme Sordi deux gants de peau gris sombre, que je cousis aux manches de façon à rendre impossible de les retirer. Au quatrième doigt de chaque main, Mme Sordi passe une bague ; celle-ci était attachée devant et derrière au moyen d'un très long fil noué au poignet. Ces points de jonction sur le dos et sur la paume de la main furent assurés avec du plomb, et je cachetai en outre les bouts du fil sur le gant ».

On éteint. Quelques minutes s'écoulent, au bout desquelles le médium fait tâter ses mains. M. de Schrenck-Notzing constate alors que la bague de l'une des mains — la droite — n'est plus au doigt du médium. Cependant la main est toujours gantée. Alors ?... Alors, au dire de Mme Sordi, la bague a été, par elle, dématérialisée. La séance se poursuit ; on rallume, tout est en ordre, les cachets sont intacts, et les deux bagues ont repris leur place. Le médium a — évidemment ! — rematérialisé la bague de la main droite, qui tout à l'heure avait disparu.

« Cependant, écrit M. de Schrenck-Notzing, sur le dos de la main droite, le lien était relâché ; à gauche, il était court, intact, et mesurait cinq centimètres et demi du cachet de plomb jusqu'à la bague. A droite le morceau de fil avait été allongé de dix centimètres et demi ».

Un rien !

« J'essayai avec force, poursuit M. de Schrenck-Notzing, de pousser la bague au-delà de la seconde jointure du doigt de la Sordi, pour libérer le doigt et la main du ligament. J'arrivai ainsi à pousser la bague jusqu'à la jointure. Mais le médium s'y refusa, et l'on dut ainsi cesser la continuation de l'expérience malgré qu'il eût suffi de tirer encore le fil d'un centimètre au plus pour ôter la bague ».

Le docteur de Schrenck-Notzing fait ensuite cette réflexion judicieuse :

« Pour moi, et aussi pour tout lecteur sans préjugé, il n'y a aucun doute qu'en allongeant fortement le fil, plutôt épais, en faisant se relâcher le lien situé au poignet, Lucia Sordi a pu facilement retirer sa bague pour se la remettre à la fin de la séance ».

C'est de toute évidence, et voilà encore un des tours de Mme Lucia Sordi très naturellement expliqué.

Il faut être aveugle, du reste, pour ne pas s'apercevoir que tous les phénomènes produits par ce singulier médium, ont exactement la même valeur scientifique, c'est-à-dire qu'ils n'en ont aucune. Il est clair, par exemple, que les fantômes qui, durant les séances obscures, se promènent dans la salle, s'amusent à chatouiller les spectateurs et à taquiner la vaisselle, ne sont autres que le médium lui-même. Mais comme un jet de lumière pourrait éclairer... les assistants, défense formelle est faite — par les fantômes — d'allumer l'électricité ou de faire usage de lampes électriques de poche. D'autre part, les revenants ne veulent point se laisser saisir.

Dès qu'on fait mine de les agripper, ils se dégagent avec violence — et pour cause. Un certain esprit, nommé Remigio, s'amusa, un jour, à passer la main dans la chevelure des personnes présentes, à tirer sur leurs vêtements ; il poussa même la familiarité jusqu'à retirer le lorgnon d'un professeur et à venir le poser sur le nez du docteur de Schrenck-Notzing. Celui-ci mit à profit cette circonstance pour saisir la main du pseudo-Remigio. Mais le fantôme (?) retira brusquement son abatis, se plaignant de ce que la chaîne eût été rompue. (Ah ! la chaîne des mains et les chœurs, quelles belles inventions ! L'une empêche les assistants de se livrer à des explorations indiscrètes, l'autre les met dans l'impossibilité de percevoir le bruit que fait le médium lorsqu'il se déguise en spectre, ou qu'il confectionne des revenants. Toutes deux sont utilisées par Mme Sordi, comme par tous les médiums de son envergure).

Cependant, si bref qu'eût été le contact, M. de Schrenck-Notzing reconnut que la main qu'il avait touchée était celle du médium. Cette main, en effet, était calleuse, comme celle de Mme Sordi, qui est cuisinière.

La revue italienne *Luce e Ombra* a publié de nombreux comptes-rendus des séances que tient Mme Sordi. De ces relations se dégagent des constatations identiques à celles qu'a faites M. de Schrenck-Notzing. M. Senigaglia, notamment, raconte qu'ayant touché la main d'un fantôme, il a eu l'impression très nette qu'il s'agissait de celle du médium. Un fantôme du sexe féminin s'appuie de tout son corps sur M. Senigaglia : celui-ci déclare que ce corps lui paraît être celui de Mme Lucia Sordi,

Enfin, comme il serait fastidieux d'entrer dans tous les détails, on peut dire d'un mot qu'un grand nombre de spectateurs sérieux et intelligents ont, au cours de ces séances, conçu — pour le moins — des doutes motivés sur l'authenticité des phénomènes obtenus par Mme Sordi, aussi bien en ce qui concerne les dématérialisations du corps de ce médium, qu'en ce qui concerne les dématérialisations d'objets divers, qu'en ce qui concerne les apparitions de spectres. Les déclarations précises et concordantes de ces témoins sensés, nous permettent de tenir pour nulles et mal fondées les affirmations contraires de ceux qui déclarent n'avoir rien observé de suspect; car ces derniers appartiennent à cette catégorie de gens qui, perdus au milieu de la Méditerranée, jureraient leurs grands dieux qu'il n'y a pas une seule goutte d'eau dans les environs.

Une réflexion que je trouve dans la *Revue Scientifique et Morale du Spiritisme,* nous donne la mesure exacte de la mentalité des personnes dont je parle. Je m'en voudrais de ne pas la reproduire ici, en terminant.

Au cours d'une séance durant laquelle le médium dématérialisait sa tête pour la faire passer à travers les barreaux de la cage, Mme Sordi, le cou pris entre lesdits barreaux, ne pouvait plus parvenir à se dématérialiser pour réintégrer sa prison. Le fantôme Remigio — invisible (naturellement), mais présent — ordonna l'expulsion des photographes. Comme ceux-ci ne sortaient pas assez vite à son gré, Remigio entra dans une violente colère et secoua rudement les barreaux de la cage. Il annonça ensuite qu'on pouvait allumer, le médium ayant réussi à se dématérialiser pour rentrer dans sa cage.

Quelques spectateurs pensèrent — avec une certaine apparence de raison — que le médium ne pouvant arriver à écarter les barreaux « en douceur », comme d'habitude, avait créé l'incident des photographes afin de provoquer un tumulte, à la faveur duquel il pût opérer avec quelque brutalité. Ils le pensaient d'autant plus volontiers, qu'ils constatèrent que l'un des deux barreaux entre lesquels le médium avait passé sa tête, cédait à la pression. Ces spectateurs étaient sceptiques à ce point, qu'ils croyaient que le médium pouvait bien jouer le personnage de Remigio...

La *Revue Scientifique et Morale du Spiritisme* qui, elle, n'est pas sceptique pour un sou, relève tout ce qu'un tel soupçon a d'injurieux. Elle écrit :

« Les opérateurs (photographes) n'obéissant pas assez vite aux injonctions de Remigio, il est possible que celui-ci, dans l'intérêt du médium, n'ait trouvé que ce moyen de le soustraire à la position critique dans laquelle il se trouvait ».

Ce moyen, c'était d'écarter, lui, esprit, les barreaux de la cage !

Et la bonne revue d'ajouter :

« C'est, en somme, de la faute des assistants, si la séance n'a pas été aussi satisfaisante qu'elle eût pu l'être, et c'est ce qui se produit souvent ».

Ne croirait-on pas rêver ?

Mme Lucia Sordi et ses confrères auraient, n'est-il pas vrai ? bien tort de se gêner !... Mais on sait assez que, précisément, ils ne se gênent guère...

CHAPITRE VIII

Miller

Les spectres en tulle.

Parlant, en juillet 1909, du médium américain Miller, je donnais nettement à entendre que c'était un farceur. J'avais de fortes raisons de le croire, mais je n'en étais pas encore absolument, matériellement sûr. Aujourd'hui, — et depuis des mois, — ma conviction est faite : Miller est un charlatan.

Ce montreur de spectres fabriqués fit, des années durant, courir le Tout-Paris spirite, et même le Tout-Paris tout court. A chacun de ses voyages, les bons jobards se disputaient à prix d'or les quelques places mises en vente, et qu'on adjugeait au plus offrant et dernier enchérisseur. Les revues spécialement rédigées pour les gogos étaient remplies des exploits de ce personnage. Les poètes spirites — car il a des poètes spirites — chantaient en alexandrins ce médium-brocanteur — car Miller joint à la profession de faux médium, celle de marchand de bric-à-brac. Tenant en Amérique une boutique où il débite des vieux meubles neufs, il était tout désigné pour montrer des faux spectres en public : c'est brocante et brocante.

Je me suis toujours demandé comment Gaston Mery, qui était cependant un esprit bien équilibré, a pu croire à la médiumnité de Miller, consacrer à ce louche personnage des dizaines de chroniques, et accueillir dans sa revue, qui était l'une des plus considérables parmi les publications s'occupant de psychisme, les longs et fréquents comptes-rendus où M. Letort racontait, dans leurs moindres détails, les séances sans intérêt de ce triste sire.

Le nom de M. Letort est d'ailleurs inséparable, non seulement du nom de Miller, mais, par une inexplicable malchance, de celui de tous les faux médiums contemporains. Loin de moi la pensée d'insinuer que M. Letort puisse, en quoi que ce soit, être considéré comme le complice de ces exploiteurs de la bêtise humaine. Non. Mais M. Letort est, si j'ose m'exprimer ainsi, un spirite condensé. Aussi est-il dupe de tous les charlatans qui se donnent pour des médiums. Certains capitalistes ont la spécialité de n'acheter que des titres voués à une proche et irrémédiable déconfiture. Quand M. Letort se prend à vanter un médium, l'indignité de celui-ci est sur le point d'apparaître.

C'est ce qui, précisément, est arrivé pour Miller.

J'ai pu — gratuitement, je m'empresse de le dire, de crainte d'être pris pour une poire — assister à l'une des séances de Miller. J'en suis revenu à peu près fixé sur la valeur morale de cet homme, alors si célèbre, et dont l'attitude future devait confirmer tous les soupçons que j'avais eus, d'abord en lisant le compte-rendu de ses séances, ensuite en voyant, de mes yeux, les pseudo-spectres qu'il faisait surgir dans l'obscurité, et devant lesquels messieurs et mesdames les spirites se pâmaient d'aise.

J'ai vu — c'était dans un local du faubourg Saint-Martin, à Paris — une centaine d'adeptes du spiritisme, parmi lesquels se trouvaient M. Léon Denis, l'un des grands prêtres de la nouvelle et bien bizarre religion fondée par Allan Kardec, M. le commandant Mantin, autre spirite notoire, et M. Chevreuil, rédacteur à la *Revue Scientifique et Morale du Spiritisme*, tomber en admiration devant des morceaux de tulle phosphorescent que Miller, embusqué dans son cabinet noir, brandissait, fichés au bout de bâtons sans doute, dans les ténèbres qui emplissaient la salle. Ces messieurs poussaient la courtoisie jusqu'à parler à ces morceaux d'étoffe, auxquels ils s'adressaient avec un respect, une humilité bien comiques. Ils leur posaient gravement des questions. Le plus follement drôle de l'aventure, c'est que Miller, travestissant habilement sa voix, répondait du cabinet, ce que les braves gens réunis là admiraient fort.

Ce qui m'amusa beaucoup aussi, ce fut d'entendre, tout au début de la séance, M. Léon Denis, qui est d'ailleurs un écrivain de très grand talent — mais ce n'en était que plus risible — adresser aux étoffes phosphorescentes que Miller avait encore dans ses poches, une allocution sur le mode lyrique. Il donnait à ce tulle qu'il ne voyait pas encore du « cher esprit » en veux-tu, en voilà. Pour un peu, il se fût prosterné devant les poches du médium.

Comme toujours, l'allocution de M. Léon Denis achevée, on éteignit le gaz et l'on pria les assistants de faire la chaîne en se tenant par la main, et de chanter. Je chantai comme tout le monde : *Frère Jacques, dormez-vous* (c'est un refrain que prise fort le tulle phosphorescent, quand il se dispose à jouer au fantôme). Lorsque Miller — que personne, naturellement, n'avait fouillé — eut tiré de sa poche ses instruments de travail et confectionné ses spectres, plus n'était besoin de hurler pour couvrir le bruit d'une fabrication achevée : un des esprits familiers du médium, une nommée Betzy, vint alors tout exprès de l'au-delà pour nous inviter à faire silence. Aussitôt, le médium, qui venait de verser sur un chiffon le contenu d'un flacon de parfum, agita ce torchon, et une odeur délicieuse se répandit dans la salle. Chacun aspira avec délice cet exquis parfum de l'au-delà. Puis commença le défilé des spectres.

Ces spectres, Miller les sortait un à un entre les deux rideaux noirs de son cabinet. Une fois, cependant, trois fantômes apparurent en même temps, alignés comme des soldats un jour de revue du général en chef. C'était une belle pièce montée. On l'admira beaucoup. Parfois, une boule blanchâtre — chiffon phosphorescent roulé — apparaissait sur le plancher, tout contre le cabinet. Miller, très doucement, développait ce torchon dans le sens de la hauteur ; cela faisait un revenant très présentable.

Chacun de ces morceaux de tulle se présentait en sortant du cabinet : nom et prénom. De parfaits torchons du monde, les torchons lumineux de Miller ! Éducation soignée. Il en vint une grande quantité. L'un, particulièrement volumineux et qui sortit tout déployé du cabinet, était surmonté d'une sorte de tiare faite d'une serviette très habilement agencée :

— Ramsès II..., dit-il.

MM. Denis, Mantin et Chevreuil s'inclinèrent. Moi aussi, car, sans peut-être en avoir l'air, je sais le respect que l'on doit aux grands noms....

Une autre serviette pendait à côté du tulle Ramsès II. C'était son bras. Ce bras d'étoffe s'étendit pour nous bénir. Nous nous inclinâmes tous, une fois encore, profondément émus (convenez qu'on le serait à moins...)

Ne souriez pas. Ces torchons lumineux, Miller les manœuvrait avec une si grande adresse que MM. Mantin, Chevreuil et Denis n'éprouvaient nulle peine, j'en suis sûr, à croire que c'était arrivé.

J'ai beaucoup regretté de ne point voir, au cours de cette unique séance à laquelle il me fut donné d'assister, un seul fantôme s'avancer dans la salle. Ce phénomène se produisit pendant d'autres séances, Miller éprouvant parfois le besoin de se dégourdir les jambes. Il s'enveloppait alors dans un grand morceau de tulle et, ainsi affublé, allait et venait, priant celui-ci ou celle-là de le palper, afin de constater sa parfaite matérialisation. Je déplore de n'avoir pas assisté à ce spectacle qui m'eût tant réjoui.

Je me propose de vous raconter les choses hautement comiques qui se pouvaient voir et entendre au cours d'une séance de Miller. Comme le répertoire de ce guignol de spectres était en somme peu varié, on peut, pour donner une idée exacte de ce qu'était une représentation de Miller, glaner dans ses propres souvenirs et dans les comptes-rendus publiés. On arrive ainsi à composer une séance-type où n'entre aucune fantaisie.

C'est ce que je vais faire dans les pages suivantes, pour votre plus grande joie, j'en suis convaincu, car bien rares sont les vaudevilles dignes d'être comparés à une séance de Miller.

Les propos de M. Torchon.

Il y a des saltimbanques qui font fortune en exhibant dans les cirques, ou même sur les places publiques, des animaux savants : chiens, chats, singes, etc. J'ai même aperçu dans je ne sais quelle foire, une boutique dont l'enseigne enluminée invitait les personnes curieuses de raretés à venir voir à l'intérieur, moyennant dix centimes, un homme qui faisait « travailler » des puces.

Le médium américain Miller est un saltimbanque beaucoup plus fort que les dresseurs de singes, de chevaux, de chats, de chiens, et même que le dresseur de puces, puisque, ainsi que nous l'avons vu, il a dressé des morceaux de tulle à simuler des spectres, et que ces torchons, qu'il enduit de matières phosphorescentes, il les fait parler devant un public, non à dix centimes, mais à vingt-cinq francs par tête, au minimum.

Mais que disent les messieurs et les dames Torchon que Miller agite au bout d'un bâton ? C'est ce que nous allons voir, en compulsant les procès-verbaux des innombrables séances que ce batteur d'estrades a données en France, pour la grande satisfaction de MM. Mantin, Denis, Letort, et de ce bon monsieur Chevreuil, le plus comiquement grave, sans contredit, de nos impayables gobe-spectres.

L'un des tulles lumineux se fait appeler Betzy.

Torchon-Betzy est le régisseur de la troupe Torchon. Elle se donne pour une négresse et, comme telle, parle naturellement petit nègre. Elle apprit à M. Letort et aux autres assistants de ces séances peu ordinaires, que, durant son passage sur la Terre, elle parlait en mauvais français : « C'était pas français blanc, dit-elle, mais français noir ».

Le même soir où Torchon-Betzy faisait cette déclaration touchante, qui émut beaucoup M. Letort, un autre torchon apparut, qui demanda aux personnes assemblées si Jésus-Christ ne se trouvait pas dans la salle :

« Des spectateurs la plaignent — c'était un torchon du sexe féminin — écrit gravement M. Letort, et lui demandent qui elle est. Elle répéta encore : « Je cherche Jésus-Christ... Je cherche Jésus-Christ... Je le cherche depuis 80 ans... »

Faisons comme M. Letort : plaignons ce torchon lumineux en quête de Jésus-Christ.

Après l'apparition d'un torchon qui affirma être le chef d'orchestre Charles Lamoureux — ce dont nul ne douta un seul instant, vous le pensez bien — Miller, du fond de son cabinet, demanda aux assistants de chanter l'hymne autrichien, puis un air de Haendel, puis *Il pleut, il pleut, bergère*, puis le *God save the king* ; enfin une dame White consentit à chanter, seule, *Solveigs sang*, de Grieg. Pendant qu'on s'égosillait ainsi dans la salle, Miller pouvait, sans crainte d'être entendu, confectionner de nouveaux spectres.

Durant la première partie de la séance, tous les torchons s'étaient exprimés en français ; durant la seconde, tous allaient parler en anglais. Les torchons de Miller connaissent ou le français, ou l'anglais, ou l'allemand, langues que parle le médium ; aucun ne connaît un traître mot d'espagnol, d'italien ou de russe. Ne vous en étonnez pas : les esprits s'approchent de nous par sympathie ; or comment sympathiser avec un homme qui ne connaît même pas votre langue maternelle !... Ces torchons disent généralement des choses fort originales et instructives, comme, par exemple : *God bless you* ! (Dieu vous bénisse !) Torchon-Betzy fit même, un soir, à la fin de la séance, un de ces « mots » dont un gentleman serait remercié par un haussement d'épaules de pitié, une dame par un sourire contraint (car il faut être galant), mais qui devait valoir à un simple torchon arraché de sa cuisine et introduit au salon, un petit applaudissement qu'on ne lui refusa d'ailleurs pas. Gaston Mery se trouvait parmi l'assistance. Torchon-Betzy dit en anglais : « Le monsieur qui est à côté de moi, master Mery... Savez-vous ce que *merry* veut dire en anglais ?... » Mery répond : « Joyeux ». Torchon-Betzy de lui répliquer : « Alors, master Joyeux, je ne vous appellerai plus que master Joyeux ! » N'est-ce pas que, pour un torchon, c'est assez spirituel ?...

A chacune des séances, les messieurs et les dames Torchon de la troupe Miller, font une égale dépense d'éloquence et d'esprit.

Voici, par exemple, un petit torchon qui apparaît : « Béranger ! » dit-il en se trémoussant. « Le chansonnier ? » questionne-t-on. « Oui... ». Et Torchon-Béranger ajoute : « Je suis heureux de vous voir tous ». Puis il s'en va. Il faut avouer que, ce jour-là, Torchon-Béranger ne s'était pas dérangé et n'avait pas parlé pour ne rien dire...

Voici encore « Bonne-maman ». Bonne-maman, c'est Mme Noeggerath, une excellente femme, dont le seul tort fut, durant sa vie, d'être crédule à l'excès. Les spirites l'honoraient et l'honorent encore à juste titre. Bonne-maman, donc, apparaît sous la forme d'un tulle lumineux et dit : « Je suis heureuse de vous voir tous !... Quel plaisir !... Quel bonheur !... Cher Gabriel... » (Il s'agit de M. Gabriel Delanne, directeur de la *Revue Scientifique et Morale du Spiritisme*) « Cher Denis... Monsieur et Madame Letort... chers amis... cher Chazarain... docteur Dusart... » M. Letort, au compte-rendu duquel j'emprunte ce passage du discours, vraiment éloquent, on en conviendra, de Torchon-Bonne-maman, M. Letort ajoute : Delanne remarque tout haut : « Comme elle baisse !... » On pourrait supposer que M. Delanne faisait allusion aux facultés intellectuelles de Bonne-maman ; il n'en est rien : il parlait du torchon personnifiant Mme Noeggerath et que Miller abaissait graduellement sur le sol, pour simuler une dématérialisation du spectre.

Peu après la disparition de Torchon-Bonnemaman, on entend des cris rauques. « C'est un Indien », assure Torchon-Betzy. Miller, en effet, a dans sa troupe des blancs, des noirs, des jaunes et des rouges.

De tous les personnages de tulle qui apparaissent et réapparaissent au cours des séances de Miller, Mother Sadi est un des plus singuliers. Le torchon qui répond à ce nom tient des discours grandiloquents qui font bien rire, même dans la bouche d'un simple torchon (si je puis ainsi m'exprimer). Voici ce qu'il dit, notamment, dans la séance du

18 juin 1908, qui eut lieu chez M. Letort. J'emprunte le morceau au compte-rendu même de celui-ci :

« Mother Sadi, dit-elle. Je suis la mère des mères. Je viens vous aider et vous bénir tous, car je vois l'aspiration de vos cœurs ».

Ayant proféré ces phrases pompeuses et dénuées de sens, Torchon-Mother Sadi s'effondre sur le plancher. C'est ce qu'il avait de mieux à faire.

Un autre torchon lui succède, qui déclare être Catharina von Bora, la femme de Luther. Oui, ma chère !

Et que dit Torchon-Catharina von Bora, que dit la femme de Luther ? Voici, toujours d'après le procès-verbal de M. Letort :

« Elle se tourna vers le pasteur Bénézech et dit en pur allemand qu'elle venait spécialement pour lui ». (Ce qu'il a dû être flatté, le bon pasteur Bénézech !) « Il faut, dit-elle, que vous travailliez pour propager le spiritisme, pour répandre la lumière que vous venez de trouver ».

Et voilà ! Que M. Bénézech, s'il a vraiment trouvé une lumière, la répande donc ! Nul n'y voit d'inconvénient.

Un certain torchon qui venait fréquemment secouer dans les ténèbres sa poudre phosphorescente, se faisait appeler docteur Benton. Comme tous les autres torchons de Miller, Torchon-Benton expectorait d'interminables : « Bonjour ! Bonsoir ! Dieu vous bénisse ! Ah ! que je suis content d'être là ! Ah ! que je suis heureux de vous voir ! Ah ! qu'on est donc bien ici ! Ah ! quelle douceur ! Ah ! quelle joie ! Ah ! quel bonheur ! Continuez ! Continuez ! L'avenir appartient au spiritisme ! Les esprits sont avec vous ! En avant ! en avant ! Monsieur de Vesme ! Mon cher Delanne ! Mon bon Denis ! Ce brave Chevreuil ! Ce vieux Letort ! »

Torchon-Benton avait une grande ambition : il voulait convertir au spiritisme M. de Vesme, le sympathique et savant rédacteur en chef des *Annales des Sciences Psychiques*. C'est une noble tâche qu'il s'assignait là, mais elle était trop au-dessus des facultés d'un torchon. M. de Vesme n'est pas un type dans le genre de M. Letort ou de M. Chevreuil, ni même un homme comme M. Delanne ou comme M. Denis. Il ne s'en laisse conter ni par Miller, ni par la plus éloquente des serviettes-éponge. Nous verrons qu'il fut le premier à dénoncer l'imposture du médium américain, et que c'est grâce à lui qu'aujourd'hui, les spirites eux-mêmes — sauf quelques-uns, parmi lesquels se trouvent, naturellement, MM. Letort et Chevreuil, nés tout exprès pour être dupes et divertir leurs contemporains — considèrent Miller comme un charlatan.

Mais à cette époque-là tous les bons spirites, en chœur, admiraient Miller. Ils étaient heureux comme des rois de voir des chiffons lumineux, ou de contempler le médium lui-même, enveloppé dans un tulle phosphorescent. Chiffons et médium, ils prenaient tout pour des fantômes authentiques. Ils étaient à ce point réjouis, qu'ils n'éprouvaient pas le besoin de déshabiller et de contrôler Miller. Celui-ci, d'ailleurs, que des hommes clairvoyants voulaient fouiller, faisait affirmer par les torchons de sa troupe, qu'il était odieux de le suspecter. Les spirites se le tinrent pour dit. Ils étaient du reste si

parfaitement médusés, ces bons spirites, qu'un soir,
Miller, qui s'était déguisé en fantôme du sexe féminin, leur fit palper... ses seins !!! Ah ! qu'il est
donc amusant, quand on sait que les spirites ont
été contraints, par la suite, de reconnaître que c'est
la poitrine de Miller qu'ils avaient palpée, qu'il est
donc amusant de lire, dans le compte-rendu de
M. Letort, que MM. le commandant Mantin, Gabriel
Delanne et Léon Denis, après avoir touché les seins
du pseudo-fantôme, ne tarissaient pas d'éloges sur
la délicatesse, le velouté et le modelé de l'objet.
M. Gabriel Delanne, tout ému, s'écria même : « C'est
évidemment une jeune femme ! » M. Delanne est
un fin connaisseur...

J'en ai assez dit, je crois, sur les torchons de
Miller. Je veux cependant, avant de terminer, noter
que prenant texte d'une parole de Torchon-Betzy :
« L'abeille ne peut faire de miel sans fleur » (sans
fleur de poirier, sans doute), un poète spirite,
M. Chaigneau, a écrit une poésie. Or Torchon-Betzy
félicita fort M. Chaigneau d'avoir pris cette initiative.
Elle lui dit : « Il faut envoyer une copie au médium.
C'est moi qui suis la grande abeille, l'abeille fémi-
nine, et le docteur Benton est l'abeille masculine ».
Eh, eh ! on ne s'ennuie pas dans l'au-delà !...

Malgré toute son habileté et tout ce lyrisme,
grâce aux hommes de sang-froid qui l'avaient du
premier coup jugé, Miller devait bientôt être contraint de mettre ses torchons dans sa malle et de
retourner en Amérique, sous les huées des spirites
eux-mêmes. Comment fut découverte et reconnue,
même par les plus crédules, la honteuse superche-
rie, c'est ce que nous allons voir.

Le Pirée pour un homme.

Les spirites notoires que sont MM. le commandant Mantin, Gabriel Delanne et Léon Denis ne
croient certes pas que le Pirée soit un homme, car
tous trois ont usé nombre de fonds de culotte sur les
bancs des lycées ; mais s'ils sont ferrés sur la géo-
graphie, ils n'ont, par contre, jamais suivi, j'en suis
sûr, le moindre cours d'anatomie. Moi non plus,
d'ailleurs ; seulement, il m'a été, Dieu merci !
donné, à maintes reprises, de pouvoir m'assurer
que le buste d'une dame diffère sensiblement de
celui d'un monsieur. Et je me fais fort de distinguer
l'un de l'autre, sans aucune espèce d'hésitation et
sans erreur possible, au premier contact que je
serais autorisé à établir. Je n'aurais pour cela nul
besoin d'y voir clair...

MM. le commandant Mantin, Gabriel Delanne et
Léon Denis sont beaucoup moins experts. C'est
fâcheux. Pour moi ? Pour eux ? Affaire d'apprécia-
tion et de point de vue. Mais je crois pouvoir affirmer que les hommes de mon espèce sont beaucoup
plus nombreux que les hommes de la leur ; et je
serais bien étonné si les dames s'en plaignaient...

Quoi qu'il en soit, MM. Mantin, Delanne et Denis
ont, au cours d'une séance de Miller, palpé et
caressé la poitrine du médium, et ils l'ont prise
pour celle d'une femme. Miller, enveloppé d'un tulle
phosphorescent, et se donnant pour une jeune
dame de l'au-delà parfaitement matérialisée, s'était
avancé dans la salle obscure, d'où il avait, à l'adresse
de MM. Mantin, Delanne et Denis, dont l'innocence,

pour lui, ne faisait évidemment aucun doute, murmuré un engageant : « Touchez donc ma poitrine.... ».

Rougissants comme de jeunes mariées, ces trois messieurs avaient, d'une main qu'un doux émoi rendait tremblante, tâté chacun à leur tour la poitrine qui s'offrait à leurs investigations d'explorateurs inexpérimentés.

— Oh ! quel velouté délicieux ! .... s'était exclamé M. Léon Denis.

— Ah ! la tiédeur et la rondeur exquises de ce... chose !... s'était pâmé M. Delanne.

Quant au commandant, médusé, il ne trouva qu'un mot pour exprimer l'admiration profonde dans laquelle ce contact, jusqu'alors inconnu, le plongeait :

— Mâtin !... s'écria-t-il.

Ces trois hommes, à qui leur acharnement à étudier les grands problèmes de l'au-delà, n'avait point laissé de loisirs pour s'adonner à l'étude, parfois bien décevante, mais qui a ses bons moments, des êtres de ce monde, ne tarirent pas d'éloges, durant toute la séance, sur le compte de la jeune personne qui les avait, de façon si imprévue et si courtoise, initiés à un mystère dont ils n'avaient, jusqu'alors, que vaguement soupçonné l'existence. C'est M. Letort, l'historiographe de Miller, qui nous l'apprend.

Hélas ! trois fois hélas ! ces messieurs devaient avoir une cruelle déception. M. Léon Denis, que l'aventure avait laissé rêveur et qui comptait bien sur un prochain revenez-y, ne manqua plus, dès lors, une seule séance de Miller. Le commandant

Mantin, qui partageait à cet égard les sentiments et l'espérance de M. Denis, se montrait non moins assidu que celui-ci. M. Delanne, lui, tout absorbé dans son souvenir heureux, se contentait de faire ses confidences de jeune amoureux à son illustre collaborateur, M. Chevreuil, qui versait des larmes d'attendrissement ; mais le directeur de la *Revue Scientifique et Morale du Spiritisme* ne se dérangeait plus. M. Delanne est un sage ; il le fut en cette occasion-là plus encore qu'en aucune autre, comme vous l'allez voir.

Le commandant Mantin, qui tout comme un tendre page, désirait posséder un souvenir de sa dame, coupa sournoisement, un soir, l'un des coins du grand voile blanc dont la belle était vêtue. Il ne souffla mot du larcin à M. Léon Denis, dont les assiduités l'inquiétaient, ni à M. Delanne, dont la réserve ne lui disait rien de bon. Mais un jour, M. Denis, tout pâle d'émotion et de rage, confia à M. Mantin :

— Miller nous trompe !.....

— Hein ? sursauta le commandant, qui se méprenait sur le sens de cette parole.

M. Léon Denis conta en effet à M. Mantin, qu'ayant reçu plusieurs lettres lui dévoilant les trucs employés par Miller pour imiter les fantômes, il avait fait une enquête. Or, un certain nombre de personnes dignes de foi lui avaient déclaré que les agissements de Miller leur paraissaient suspects. L'une d'elles — spirite convaincue — chez qui avait eu lieu une séance, lui avait même montré un morceau de tulle phosphorescent découvert dans le cabinet, après le départ du médium. Enfin, M. Denis

avait, comme on dit, ouvert l'œil, et, au cours de
plusieurs séances, il avait pu constater que le
médium, débarrassé de ses chaussures, en chemise
et en caleçon, s'enveloppait de voiles de tulle pour
venir ensuite dans la salle, déguisé en fantôme.

Le commandant Mantin, consterné, avoua alors à
M. Denis son touchant larcin de page énamouré. On
rapprocha le morceau de tulle dérobé par lui de
celui qui avait été trouvé dans le cabinet : ils
étaient identiques.

Dépités, furieux d'avoir perdu la plus douce illusion de leur vie, MM. Mantin et Denis poussèrent
des cris à fendre l'âme. Ils écrivirent des articles
dans les revues spirites ; ils adressèrent à toutes les
publications s'occupant de psychisme, des lettres
flétrissant le médium.

Alors les langues se délièrent. Des témoins écrivirent, se firent interviewer, racontant ce qu'ils
avaient vu et surpris. L'on apprit ce que, depuis des
mois, savaient tous les chercheurs sérieux, et notamment M. de Vesme, qui le premier avait dénoncé la
tourberie de l'américain, à savoir que Miller, à l'aide
de vessies, de tulle phosphorescent, de baleines,
de masques blancs et noirs, de perruques, de moustaches, de barbes et de divers autres objets, con-
fectionnait des fantômes ou se travestissait en spectre ; qu'il présentait aux assistants peu ferrés en
anatomie sa poitrine — qui est grasse, paraît-il, —
leur faisant accroire qu'ils touchaient celle d'une
dame de l'au-delà ; qu'il versait sur une serviette le
contenu d'un flacon d'odeur et qu'il agitait ensuite ce
torchon parfumé, pour faire croire que des senteurs
de l'au-delà se répandaient dans la salle, etc., etc.

Ce fut un beau scandale. Nombre de spirites s'employèrent, naturellement, à défendre Miller. Les polémiques, autour du charlatan, furent violentes et passionnées. Ceux qui avaient pris son parti le pressaient candidement de donner une séance « de contrôle », afin de confondre ses accusateurs :

— C'est entendu ! répondait Miller. Je reviendrai pour donner cette séance, car je dois partir sans retard. On m'attend en Amérique. Au revoir, et à bientôt !...

— Il ne reviendra pas ! dirent M. de Vesme et tous les hommes de bon sens.

— Il reviendra ! s'écrièrent les autres, parmi lesquels M. Gabriel Delanne, qui croyait et qui croit encore avoir palpé la poitrine d'une jolie femme de l'au-delà.

M. Delanne avait raison. Miller est revenu... pour donner, à Nancy, une séance, mais sans aucun contrôle préalable, bien entendu, et... pour repartir dare-dare en Amérique.

Entre temps, un journal américain nous apprenait qu'une dame spirite de Los Angelès, chez qui Miller était descendu, avait découvert dans la malle du médium, perruques, masques, vêtements phosphorescents, tout ce qu'il faut, en un mot, pour fabriquer un spectre présentable et pour se déguiser en revenant.

J'ignore si MM. Mantin et Denis se sont dédommagés de leur si cruelle déconvenue ; mais quant à M. Delanne, je suis porté à croire qu'il n'en a rien fait, si j'en juge par une lettre par lui adressée à M. de Vesme, et qui fut publiée dans les *Annales des Sciences psychiques*. Dans cette missive,

M. Delanne déclare nettement qu'il se fait l'avocat de Miller et qu'il est sûr d'avoir pris dans sa main le sein d'une jeune fille de l'au-delà, et non la poitrine du médium.

Il ne faut pas être plus royaliste que le roi. Au rebours de MM. Mantin et Denis, qui estiment avoir été induits en erreur et qui le déplorent, M. Gabriel Delanne persiste à croire qu'une jolie personne de l'au-delà lui a permis de se livrer sur elle à certains attouchements dont le souvenir le laisse encore « tout chose » : il ne me reste qu'à le féliciter bien sincèrement de sa bonne fortune de néophyte, à lui en souhaiter nombre de semblables, puisqu'elles lui agréent si fort... et à en espérer pour moi de meilleures et de plus véridiques ; car n'étant pas un débutant, je me montre, comme c'est normal, plus difficile à satisfaire...

CHAPITRE IX

Charles Bailey.

Du tiers-point à la gloire.

Il y a différentes sortes de médiums, et, dans chacune de ces catégories, les farceurs forment l'im-
mense majorité. Mais il est, cependant, des catégories où le pourcentage de charlatans est tout
particulièrement élevé; de ces dernières, celle des
médiums à apports est, sans conteste, la mieux par-
tagée, — ou la plus mal, comme vous voudrez,
tout dépendant du point de vue. Le phénomène
d'apport est tellement discrédité — en raison de
fraudes innombrables et dûment constatées — qu'il
suffit qu'un médium qui n'est pas un médium à
apports et qui jouit d'une excellente réputation,
obtienne le moindre phénomène d'apport, pour
qu'aussitôt les psychistes sérieux se sentent enclins
à douter de son honorabilité, jusqu'alors insoup-
çonnée.

J'ai, dans une autre étude (1), parlé de la célèbre Anna Rothe, médium allemand à apports qui se
fit infliger par les tribunaux de sa patrie, pour
tricherie, plus de condamnations que n'en récolta
jamais, pour escroquerie, le plus taré des banquiers

(1) Voir GEORGES MEUNIER : *Le Spiritisme. Faut-il y croire ?*
(E. Nourry, éditeur).

véreux. Je voudrais, dans le présent ouvrage, consacrer quelques pages à un autre célèbre médium à
apports, qui, lui, n'a jamais été condamné par les
tribunaux, mais qui, en revanche, l'a été par une
commission scientifique, ce qui, pour nous, revient
absolument au même. D'ailleurs, ces deux sortes
de condamnations, pour si différentes qu'elles soient
dans leur origine et dans leurs effets, n'en ont pas
moins, invariablement, un résultat identique :
elles ont, au même degré, le don de faire choir, plus
dru que jamais, dans l'escarcelle du…. bénéficiaire
(c'est le cas ou jamais d'employer ce mot), des pièces de monnaie de différents poids, de différentes cou-
leurs, et de différentes valeurs. Condamnée à la prison pour tromperie, Anna Rothe n'en fut que plus
fêtée et que mieux entretenue par les jobards de son
pays ; et la même bonne fortune échut à l'Australien
Charles Bailey, le jour où une commission scientifique reconnut et proclama son imposture.

Bailey exerçait naguère la profession de cordonnier. C'est là une profession entre toutes honorable,
mais qui, précisément parce qu'elle est honorable,
n'enrichit guère son homme qu'à la condition qu'il
travaille comme dix et qu'il mange comme la moitié
d'un. Le programme n'a rien de bien engageant ; il
rebuta Bailey, qui se mit en quête d'une carrière
susceptible de lui assurer, pour une dépense moindre de vertu, un profit plus appréciable. Et comme
c'est un homme perspicace, son choix fut excellent :
il s'établit médium, et qui mieux est, médium à
apports.

Depuis lors, chaque semaine, chez un très riche
Américain habitant Melbourne, M. T. W. Stanford,

Charles Bailey donne des séances des plus curieuses. Dans une obscurité aussi complète que favorable, et grâce au bienveillant concours que lui prêtent des esprits philanthropes qu'il a su intéresser à son sort, notre ex-cordonnier fait apparaître des oiseaux vivants, des serpents non moins vivants, de la terre, des pierres, des parchemins vieux comme la terre, bref toute une foule d'êtres et de choses, qui arrivent là, des quatre coins du monde, transportés rapidement et offerts gratuitement par les esprits protecteurs du médium.

L'organisation, dans leur pays, d'un tel service de messageries émut beaucoup les populations australiennes ; mais son fonctionnement prolongé inquiéta fort l'administration des douanes. Il y avait bien de quoi, vous l'avouerez, car les journaux ayant publié la liste des denrées diverses ainsi apportées par les esprits au service de Bailey, l'administration des douanes put y relever un assez grand nombre de produits étrangers qui, introduits de façon si mystérieuse sur le territoire australien, n'avaient, en conséquence, acquitté aucun droit. Non moins vigilants et zélés que leurs collègues de France, les douaniers australiens se mirent en devoir d'exiger de M. Stanford, le riche Américain dans la maison duquel les esprits entassaient les marchandises de provenance étrangère, le paiement des droits d'entrée qu'avaient négligé de payer ses camionneurs de l'au-delà. M. Stanford poussa les hauts cris. Les journaux spirites de Melbourne, qui dès le premier jour étaient naturellement tombés en extase devant Charles Bailey, dont ils ne se lassaient pas de publier des portraits, tirés de face, de profil, et même de dos,

joignirent leurs protestations à celles de M. Stanford.
On représenta aux agents des douanes qu'aucun droit
n'était dû, les objets en question n'ayant pas été
introduits en Australie par une voie ordinaire et
prévue par la loi, mais préalablement dématériali-
sés dans leur pays d'origine, puis acheminés fluidi-
quement dans l'espace, jusqu'à la maison occupée
par M. Stanford, puis enfin rematérialisés dans ladite
maison. Ahuris, et craignant de devenir fous s'ils en
entendaient davantage, les douaniers prirent la fuite,
sans plus insister. Ils courent encore.

Cet incident comique eut un certain retentisse-
ment. Les journaux du monde entier le signalèrent
et le commentèrent. Bailey, qui jusqu'alors n'était
guère célèbre que dans son propre pays, devint une
personnalité universellement connue. On le discuta,
les uns — les spirites — ne tarissant pas d'éloges
sur les hautes et puissantes facultés de ce nouveau
médium, qu'ils ne connaissaient du reste que depuis
peu, et seulement par ouï-dire ; les autres, plus pru-
dents et mieux avisés, réservant leur jugement, ou
même émettant quelques doutes sur l'authenticité
probable des merveilleux phénomènes que l'ancien
cordonnier australien était censé produire ; tous, en
tout cas, et pour des motifs différents, manifestant
l'espoir qu'il leur serait bientôt donné de voir à l'œuvre le fameux personnage et ses esprits non moins
fameux.

Des négociations furent immédiatement entamées
à l'effet d'obtenir de Bailey qu'il vînt en France. Les
pourparlers aboutirent, et, quelques mois plus tard,
en février 1910, le célèbre médium opérait à Greno-

ble, devant une commission scientifique. Nous allons voir quel succès il y obtint.

Aigle et roitelet.

La commission scientifique chargée d'examiner, à Grenoble, en février 1910, le médium australien Bailey était très brillamment composée et offrait toutes les garanties de savoir, de tact et d'impartialité. Elle comprenait en effet : MM. le colonel Albert de Rochas, ancien administrateur de l'Ecole polytechnique ; le docteur Bordier, directeur de l'Ecole de médecine et de pharmacie de Grenoble ; le docteur Termier, professeur de physiologie à l'Ecole de médecine ; le docteur Pinatziz, médecin consultant à Grenoble ; le docteur Martin-Sisteron, spécialiste pour les maladies nerveuses ; Barbillion, docteur ès sciences, directeur de l'Institut électrotechnique de Grenoble ; Pionchon, docteur ès sciences, professeur de physique à la Faculté des sciences de Dijon ; le pasteur Alfred Bénézech, de Montauban ; Ernest Chabrand, ingénieur des Arts et Manufactures ; Lacoste, ingénieur civil des Mines et orientaliste ; le commandant Audebrand, ancien élève des Ecoles polytechnique et supérieure de guerre, ingénieur à Grenoble ; Guillaume de Fontenay, le psychiste bien connu.

Il avait été entendu que Bailey resterait à la disposition de la commission, aussi longtemps que celle-ci le jugerait à propos. Nous verrons à la suite de quel incident grave — grave pour sa réputation — Bailey jugea prudent de brûler la politesse à ses hôtes. Les séances de Grenoble furent, en effet, fort peu nombreuses, puisque, dès le début de la troisième, Bailey, sur le point d'être pris la main dans le sac (un sac que la décence m'interdit de désigner plus clairement), prenait la poudre d'escampette.

Que furent les deux seules séances données par le trop célèbre australien aux savants notoires dont il avait accepté l'invitation ? Elles furent cocasses, et, à la lecture des procès-verbaux officiels de la commission, on se demande avec perplexité comment les compatriotes de Bailey n'avaient pas, depuis longtemps déjà, percé à jour le jeu de cet astucieux, et surtout comment ils persistent encore — et avec eux, nombre d'Européens, hélas ! — à tomber en pâmoison devant les tours exécrables de ce prestidigitateur de vingtième ordre.

Tout d'abord, Bailey exige que la salle des séances soit plongée dans une obscurité complète. Non seulement le bonhomme demande, comme le font du reste presque tous les médiums, que toutes les lampes soient éteintes, mais il ordonne de plus que les persiennes soient fermées et qu'on tire les doubles rideaux. Il fait donc, dans la salle, aussi noir que dans un four, circonstance extrêmement favorable à la fraude.

Mais cela n'est rien. Il convient que les assistants fassent la chaîne en se tenant par la main. Seulement, Bailey, lui, conserve le libre usage de tous ses membres, ce qui est absolument contraire aux usages. Il est constant, en effet, et l'on en comprend la raison, que le médium soit contrôlé, c'est-à-dire que deux assistants lui tiennent bras et jambes. Lorsqu'on songe que nombre de médiums, malgré cette précaution toute naturelle, parviennent à frauder, on imagine sans peine combien l'absence totale de contrôle, imposée par Bailey lui-même, doit faire réfléchir les chercheurs intelligents et de bonne foi.

Bailey se laisse-t-il du moins visiter ? Oui et non. Oui, car il prie les assistants de le palper par dessus ses vêtements, et même il consent parfois à se déshabiller devant eux ; non, car ainsi que nous le verrons, il se refuse avec énergie à laisser pratiquer des investigations plus intimes, investigations qui, seules, permettraient de s'assurer de sa parfaite bonne foi. En effet, ce refus obstiné, joint à une très singulière découverte faite par un membre de la commission de Grenoble, permet d'affirmer que Bailey, comme tant d'autres de ses confrères, n'est qu'un vil imposteur.

Mais avant d'aborder ce point spécial — et capital — parlons un peu de ce que l'on voit au cours d'une séance de Bailey.

Donc, alors que les assistants restent immobilisés dans la chaîne, le médium, lui, conserve la plus complète indépendance. Aussitôt que la salle est plongée dans les ténèbres, Bailey prie les assistants de chanter, soit *Frère Jacques*, soit le *Petit navire*. Pendant ce temps, se prétendant possédé par l'esprit d'un quelconque hindou défunt, lui, vocifère et se démène sur son fauteuil, comme si tous les diables de l'enfer avaient élu domicile en sa médiumnique personne. Après quelques minutes de ce concert assourdissant, Bailey s'écrie : « Allumez ! Allumez ! Vite ! Je tiens un monsieur oiseau... »

On se hâte de faire la lumière et l'on aperçoit, tenu par Bailey, un pauvre diable de pinson ou de roitelet, tout penaud de se trouver là, l'air minable, les plumes en désordre, une patte cassée parfois, un œil crevé souvent. « Les esprits l'ont apporté, explique le médium. Il volait au-dessus de ma tête. Je l'ai attrapé au vol... » Une autre fois, c'est un nid, une poignée de sable, un bout de papier, ou tout autre objet de petites dimensions, que Bailey présente comme lui ayant été apporté par ses fidèles commissionnaires de l'au-delà.

C'est très intéressant, comme on le voit. Mais les membres de la commission scientifique réunie à Grenoble, qui sont des hommes que rien n'étonne, demeurèrent froids devant ce spectacle, pourtant si merveilleux. L'un d'eux, le docteur Martin-Sisteron, homme singulièrement pointilleux, s'écria, lorsque Bailey exhiba son roitelet : « La pauvre bestiole m'a l'air d'avoir été fort comprimée ! ... » Et il hocha la tête, avec un sourire narquois. Un autre, le docteur Pinatziz, surenchérissant, demanda si les esprits ne pourraient pas apporter un animal ou un objet que désignerait la commission :

— Oh ! s'écria Bailey, scandalisé, les esprits ne travaillent pas sur commande. Ils sont capricieux et n'apportent que ce qu'il leur plaît d'apporter !...

— C'est fâcheux, répliqua le docteur Pinatziz, car je voudrais bien voir un aigle, par exemple. Et je pense qu'il ne doit pas être plus difficile, pour les esprits, d'apporter un gros oiseau qu'un petit...

— Ce n'est, en effet, pas plus difficile, observe Bailey.

Et ce médium ayant de l'à-propos, il ajoute :

— Mais puisque vous reconnaissez que l'apport d'un gros oiseau ne présenterait pas, pour les esprits, plus de difficulté que celui d'un petit, l'apport, qu'ils viennent d'effectuer, d'un simple roitelet, doit vous paraître tout aussi démonstratif que pourrait l'être celui d'un aigle. Contentez-vous donc du roitelet...

Et comme les membres de la commission, « cloués » par cette démonstration lumineuse, s'entreregardent, muets d'émerveillement, Bailey ordonne que l'on mette le roitelet dans un tiroir et que l'on éteigne de nouveau :

— Le petit oiseau a une « femme », déclare-t-il, comme les chandelles viennent d'être soufflées. Et hop ! la voici, je la tiens ! ... Et le ménage il a une chambre, et hop ! la voici, je la tiens aussi !... Vous pouvez allumer.....

On allume et l'on voit, dans l'une des mains de Bailey, un nid d'oiseau, et dans l'autre, la « femme » du roitelet, laquelle, les opérations si délicates de la dématérialisation, du voyage fluidique, et de la rematérialisation ayant été défectueuses, sans doute, se trouve avoir un œil poché, ainsi que le constate le docteur Martin-Sisteron.

Et voilà !

Nous allons voir maintenant comment, par leurs exigences inconcevables et leurs pratiques inquisitoriales, les membres de la commission scientifique ont mis le brave Bailey dans la cruelle nécessité de regagner sa patrie, par les voies les plus rapides, en compagnie de ses esprits-oiseleurs.

Oh ! Monsieur...

Dès le premier jour, les savants membres de la commission réunie à Grenoble, furent légèrement surpris des conditions inusitées que leur imposait le montreur d'esprits venu d'Australie. L'état piteux des oiseaux montrés par Bailey comme lui ayant été apportés par ses amis de l'au-delà, oiseaux dont certains étaient si fâcheusement estropiés, et qui, tous, selon la propre remarque du docteur Martin-Siste-ron, semblaient avoir été soumis à un régime pro-longé de dure compression, la mine piteuse de ces bestioles offertes par les esprits, n'était guère faite pour dissiper les doutes qui, déjà, assaillaient les savants.

Un incident banal en soi, mais dont les suites devaient être grosses de surprises, vint bientôt con-firmer leurs soupçons. L'un des oiseaux apportés par les esprits, mourut. Le colonel de Rochas, afin d'en spécifier la race, porta le petit cadavre à une oise-lière de la ville. Cette femme déclara à son visiteur que l'oiseau était un *ignicolore* femelle, et elle lui en montra un certain nombre de la même espèce, qui prenaient leurs joyeux ébats dans l'une des volières de son magasin. La pensée que M. de Rochas avait eue, comme tous ses collègues, se précisa aussi-tôt. Il demanda à la marchande si elle n'avait pas, récemment, vendu quelques-uns des frères des oiseaux qu'elle lui présentait. L'oiselière répondit, sans aucune espèce d'hésitation, qu'un monsieur de tournure commune et parlant l'anglais d'Amérique, lui en avait précisément, deux jours auparavant, acheté trois. M. de Rochas mit alors sous les yeux de son interlocutrice et du mari de cette dernière, qui était présent au moment où l'étranger avait fait son emplette, le portrait de Bailey. Le couple reconnut en lui l'acheteur des trois *ignicolores*.

Le mystère était donc complètement éclairci. Mais il restait à savoir où et comment Bailey, durant les séances, dissimulait les oiseaux et le reste. C'est ce qu'on allait pouvoir établir de façon certaine, car, justement, sur la demande du médium lui-même, qui sentait bien que sa singulière attitude ne lui avait gagné aucune sympathie dans la commission, on devait, le soir même, et pour la première fois, tenir une séance avec contrôle parfait. Entendez par là qu'au lieu de se faire tout simplement palper par dessus ses vêtements, comme il l'avait fait jusqu'alors, Bailey se mettrait nu comme un ver devant quatre des médecins qui figuraient au nombre des membres de la commission, et que les hommes de l'art pourraient, selon la promesse qu'il en avait faite, visiter le médium et le palper tout à leur aise. Inutile de dire, n'est-ce pas, que M. de Rochas eut soin d'informer ses collègues de la suggestive découverte qu'il avait faite dans la journée.

Le soir vint — et avec lui Bailey. Dès qu'il fut arrivé, les docteurs Ternier, Pinatziz et Martin-Sisteron introduisirent le médium dans la pièce où ils devaient l'examiner. M. Guillaume de Fontenay, qui parle l'anglais, assistait à l'opération, en qualité d'interprète.

Bailey se déshabille. On lui inspecte la bouche, les oreilles, les narines, les orteils, les aisselles, sans qu'il élève la moindre protestation, et l'on ne découvre rien de suspect. Les médecins — prévenus,

7

comme je l'ai dit, par M. de Rochas — décident alors
d'explorer un endroit que la bienséance m'interdit
de nommer, mais où certaines personnes, et notamment les prisonniers, ont l'habitude de cacher divers
objets, assez volumineux parfois. Mais, auparavant,
ils prient M. Guillaume de Fontenay de vouloir bien
demander au médium s'il autorise l'exploration pro-
jetée. Bailey ne répond rien, mais un esprit, qui par
hasard venait de s'introduire dans son corps dévêtu,
déclare qu'il s'oppose — de quoi se mêlait cet
intrus ! — à toute investigation de ce genre. Et peu
après, l'esprit s'étant retiré, Bailey, de nouveau ques-
tionné, se borne, pour toute réponse, à sauter sur
ses vêtements et à se rhabiller, en proie à un
effroyable courroux. Puis il sortit, fila sur Londres
et, de là, sur Melbourne.

Il est superflu d'ajouter que les revues spirites
prirent fait et cause pour Bailey, et qu'elles inju-
rièrent de la belle manière les membres de la commission scientifique. Un rédacteur de la revue *The
Harbinger of Light*, qui se publie à Melbourne, patrie
du médium, s'exprima en ces termes : « Que les
conditions devaient être presque intolérables, ceci
est prouvé par le contrôle auquel les docteurs voulaient soumettre Bailey au cours de la troisième
épreuve. Au moment où j'écris, je bous d'indignation de ce que les médecins français aient suggéré
pareille chose... Il (Bailey) ne peut être blâmé
d'avoir refusé de se soumettre à un outrage qui ne
présentait aucune nécessité. Rien ne montre mieux
le caractère des investigateurs, leurs idées entière-
ment matérialistes et leur incapacité complète
pour ces recherches ».

M. Chevreuil n'eût pas mieux dit.

L'indignation des écrivains spirites, qui protestèrent en chœur avec le rédacteur de la revue australienne, est en vérité bien risible. Et le colonel de Rochas, répondant à tous ces pudiques personnages, fit bonne justice de leurs accusations. Il observa, en effet, que l'examen auquel il avait été question de soumettre Bailey, devait être fait uniquement par des médecins, et qu'il est d'un usage courant dans certaines maladies répandues, l'appendicite par exemple.

Il était, en l'espèce, doublement nécessaire : et par suite de la découverte, par M. de Rochas, de l'achat fait par Bailey, à Grenoble même, de trois oiseaux identiques à ceux qui devaient, deux jours plus tard, être soi-disant apportés par les esprits ; et en raison du refus opposé par Bailey à la demande qui lui avait été adressée de faire apporter, par les esprits à son service, des objets ou des oiseaux de dimensions telles, que la cachette intime dans laquelle il interdisait d'opérer toute perquisition, eût été manifestement trop exigue pour les recevoir.

Mais allez donc faire entendre cela aux spirites ! Allez donc leur citer, comme l'a fait M. de Rochas, ces exemples de prisonniers s'introduisant... où vous savez, un étui de quatorze centimètres de longueur, d'un diamètre de quatre centimètres et demi, contenant une série d'instruments en acier, le tout pesant six-cent-cinquante grammes ! Allez donc leur citer le cas de cet homme qui cachait là un verre à bière ; celui de cet autre qui trouvait le moyen d'y dissimuler à la vue un pilon de mortier, long de trente centimètres et large de six centimètres et demi ! Allez leur dire que Bailey pouvait très bien, de la même façon, introduire dans la salle des séances un étui contenant un ou deux oiseaux, du sable, du papier, ou tout autre animal ou objet de petites dimensions, comme ceux qu'il s'obstinait, précisément, à se faire apporter par les esprits ! Allez dire cela aux spirites, et vous viendrez me donner des nouvelles de la réception qu'ils vous auront réservée !

Aux yeux des spirites, un médium est d'autant plus intéressant qu'il se paie avec plus d'impudence la tête du public, et la leur propre. Aussi n'est-on pas du tout étonné lorsqu'on constate que la *Revue Scientifique et Morale du Spiritisme* — une des revues spirites les plus sérieuses, cependant (mais tout est relatif) — publie gravement, en juin 1912, alors que Bailey a été démasqué en février 1910, un compte rendu des séances qu'a tenues depuis, à Melbourne où il continue à faire des dupes, le célèbre et astucieux charlatan. La *Revue Scientifique et Morale du Spiritisme* énumère avec beaucoup de complaisance les oiseaux et objets divers que Bailey extrait chaque soir de sa cachette secrète, pour le plus grand plaisir d'une assistance nombreuse, qui se pâme de ravissement devant ce tour malodorant.

Tous les goûts sont dans la nature.

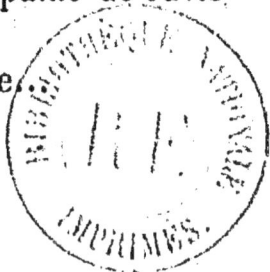

FIN

LAVAL. — IMPRIMERIE L. BARNÉOUD ET Cⁱᵉ.

Les « Nouveaux-Horizons »
de la Science et de la Pensée

Revue mensuelle d'avant-garde scientifique et philosophique
Organe de la Société Alchimique de France
Fondée en 1896

DIRECTEUR : JOLLIVET-CASTELOT

PRINCIPAUX COLLABORATEURS :

MM. JACQUES BRIEU — ACHILLE DELCLÈVE — GEMMARIUS — GEORGES MEUNIER — PAUL NORD — BARON DU ROURE DE PAULIN — M. SAGE — Dʳ VERGNES — OSWALD WIRTH — Mme LYDIE MARTIAL.

PROGRAMME DE LA REVUE :

Philosophie de la Nature — Monisme — Hylozoïsme — Sciences Psychiques et Hermétiques — Sociologie fouriériste — Étude théorique et pratique de l'Unité de la Matière, de la Genèse, de l'Évolution et de la Transmutation des Éléments chimiques — Réédition des vieux textes alchimiques.

Cette Revue est la seule du monde entier qui s'occupe spécialement de l'Alchimie. Elle étudie l'Hermétisme et les Sciences dites occultes, suivant la méthode positive et expérimentale.

Le numéro : 0 fr. 60
DIRECTION : 19 rue Saint-Jean, à DOUAI (Nord)

LAVAL. — IMPRIMERIE L. BARNÉOUD ET Cⁱᵉ.

www.ingramcontent.com/pod-product-compliance
Lightning Source LLC
Chambersburg PA
CBHW060625100426
42744CB00008B/1503